Windows 10

Die Neuheiten

CHRISTIAN IMMLER

ISBN 978-3-945384-63-3

© 2015 by Markt+Technik Verlag GmbH
Espenpark 1a
90559 Burgthann

Produktmanagement Christian Braun, Burkhardt Lühr
Lektorat, Herstellung Jutta Brunemann
Einbandgestaltung David Haberkamp
Coverfoto © Yang MingQi – Fotolia.com
Satz Thorsten Schlosser, Kreuztal (www.buchsetzer.de)
Druck Media-Print, Paderborn
Printed in Germany

Windows 10
Kompatibel

ESET®

SMART
SECURITY

*Mehrfach ausgezeichnete
Technologie. Schnell. Präzise.*

90 Tage kostenlos
und unverbindlich testen!

- ✔ Antivirus
- ✔ Anti-Phishing
- ✔ Personal Firewall
- ✔ Antispam
- ✔ Kindersicherung

Ihr Aktivierungscode:

DEAS-W334-U7RH-HD26-945A

Hier downloaden: www.ESET.de/WIN-10-SEHEN

Stiftung Warentest
test.de
GUT (2,1)
Im Test:
13 Internetsicherheitspakete und
4 kostenlose Antivirenprogramme
Ausgabe 4/2015
www.test.de
Getestete Version: ESET Smart Security 2015

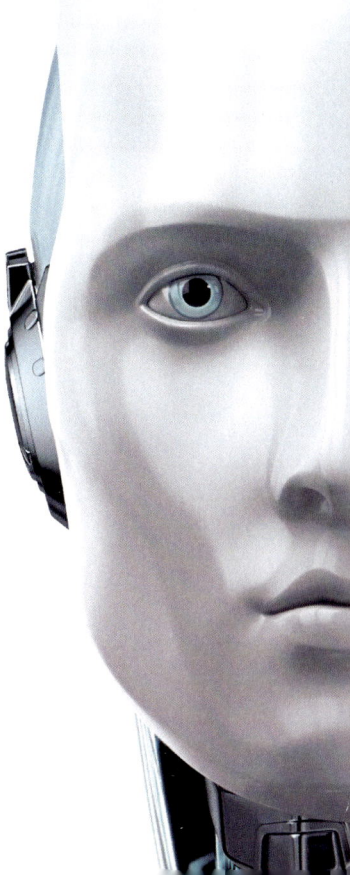

Inhaltsverzeichnis

1. Windows 10 – alles neu und doch vertraut

Seit Monaten haben Millionen von Windows-Anwendern darauf gewartet, das zu erleben, was Microsoft und die Medien schon lange angekündigt haben: Windows 10. Die Installation – als Upgrade von Windows 7 oder Windows 8.1 – lief problemlos oder Sie haben Windows 10 auf einem neuen PC vorinstalliert mitbekommen – aber dann ...

Der Windows-10-Desktop mit Startmenü und neuem Browser.

Microsoft bewirbt Windows 10 als »das Windows, das Sie kennen...«, ein Betriebssystem also, in dem alles vertraut ist, und meint damit alle die Windows-7-Anwender, die sich den Kulturschock Windows 8 ersparen wollten. Gesteht sich der größte Softwarehersteller der Welt damit selbst ein, seine Nutzer mit der neuen Oberfläche überfordert zu haben? Und ist Windows 10 auch für diejenigen noch vertraut, die Windows 8.1 kennen und schätzen gelernt haben?

Wir zeigen die Neuheiten von Windows 10 und welche altbekannte Funktion jetzt wo zu finden ist. Damit machen wir Ihnen den Umstieg von Windows 8.1 wie auch von Windows 7 möglichst leicht.

Neuheiten, die besonders für Umsteiger von Windows 8.1 interessant sind, sind mit dem Windows-8.1-Logo gekennzeichnet.

Neuheiten, die besonders für Umsteiger von Windows 7 interessant sind, sind mit dem Windows-7-Logo gekennzeichnet.

> **Voraussetzungen für das kostenlose Upgrade**
>
> Fast alle Anwender von Windows 7 und Windows 8.1 bekommen das Upgrade auf Windows 10 bis zum 29.07.2016 kostenlos. Die auf diesem Weg installierte Lizenz gilt auf dem Gerät unbegrenzt. Es handelt sich also nicht um ein Abo, das irgendwann kostenpflichtig wird.
>
> Nutzer von Windows 7 müssen vor dem Upgrade das Service Pack 1 installieren, bei Windows 8.1 ist das sogenannte August-Update erforderlich. Wer noch Windows 8 verwendet, muss zunächst kostenlos auf Windows 8.1 updaten. Die Enterprise-Versionen von Windows 7 und 8.1 können nicht automatisch auf Windows 10 aktualisiert werden. Windows RT bekommt ein funktionales Update, wird aber damit auch nicht zu Windows 10.

Was man gleich am Anfang braucht

Bevor Sie mit Windows 10 richtig loslegen, hat Microsoft wie auch schon bei Windows 8.1 noch zwei Hürden eingebaut, die zu überwinden sind:

- Man braucht ein Benutzerkonto – am besten ein cloudbasiertes Microsoft-Konto – und
- der PC muss ins Internet.

Letzteres wird beim Anschluss eines Netzwerkkabels am Router automatisch erledigt. Eine neue Bildschirmseite im Einrichtungsassistenten macht dem Anwender auch die WLAN-Anmeldung leicht. Man braucht nur noch das Netzwerk auszuwählen und den Schlüssel einzutragen – was natürlich eine browserbasierte WLAN-Anmeldung ausschließt. Aber wer richtet einen neuen PC schon erstmals an einem öffentlichen Hotspot ein.

Wie in früheren Windows-Versionen auch müssen Sie bei der Einrichtung eines PCs ein neues Benutzerkonto einrichten. Windows 10 empfiehlt dabei wie schon Windows 8, sich mit einem sogenannten Microsoft-Konto statt mit einem lokalen Benutzerkonto anzumelden.

Haben Sie bereits ein Microsoft-Konto, geben Sie die E-Mail-Adresse und Ihr Passwort ein, um sich anzumelden. Wenn nicht, können Sie direkt im Einrichtungsassistenten von Windows 10 ein Microsoft-Konto anlegen. Außerdem besteht weiterhin die Möglichkeit, ein lokales Benutzerkonto wie in früheren Windows-Versionen anzulegen und Windows 10 ohne Microsoft-Konto zu nutzen. Damit müssen Sie aber auf einige nützliche Dienste verzichten.

Windows-XP-Anwender werden Microsoft-Konten noch als Windows Live ID aus dem ehemaligen MSN-Messenger kennen. Diese Benutzerdaten können zur Anmeldung in Windows 10 verwendet werden. Alternativ können Sie jetzt auch mit jeder beliebigen anderen E-Mail-Adresse ein neues Microsoft-Konto anlegen. Dies war früher nicht überall uneingeschränkt möglich.

Windows 10 nutzt das Microsoft-Konto unter anderem für folgende Zwecke:

- Kontakte und Termine synchronisieren,
- E-Mails mit Hotmail bzw. Outlook.com,
- Fotos und Office-Dokumente mit OneDrive synchronisieren,
- Einstellungen mit anderen Geräten synchronisieren,
- Apps im Windows Store herunterladen oder kaufen,
- Xbox-Live-Spiele,
- Musikstreaming mit Groove.

2. Das neue Startmenü in Windows 10

Das seit Windows 95 bekannte Startmenü in der unteren linken Bildschirmecke fehlte in Windows 8. Diese Tatsache bescherte dem Betriebssystem ein nicht gerade positives Medienecho. Die bildschirmfüllende Apps-Liste bot mit ihren vielfältigen Sortieroptionen in vieler Hinsicht mehr Komfort, aber – was der Bauer nicht kennt ...

Also reduzierte Microsoft das zentrale Element zum Aufrufen von Programmen wieder auf etwa ein Viertel des Bildschirms links unten, schaltete die unterschiedlichen Sortieroptionen ab und lässt den Nutzer wieder mit der Maus durch eine schmale alphabetisch geordnete Liste scrollen – und alle sind zufrieden. Das neue Startmenü wird immer noch mit einem Klick auf das Windows-Symbol links unten oder durch Drücken der ⊞-Taste aufgerufen.

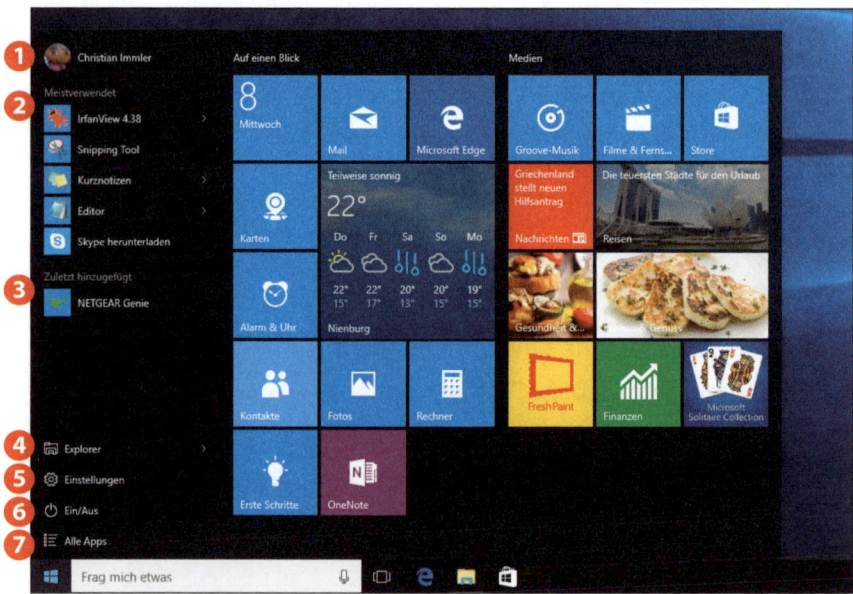

Das neue Startmenü in Windows 10.

Die wichtigsten Elemente des neuen Startmenüs

Der linke Bereich des Startmenüs wird jedem Windows-7-Anwender bekannt vorkommen. Für Umsteiger von Windows 8.1 mag das Startmenü wie ein Rückschritt wirken.

❶ Ganz oben wird der Benutzername angezeigt. Ein Klick darauf öffnet ein Menü zum Ändern der Kontoeinstellungen, zum Sperren oder Abmelden.

❷ Hier stehen die am meisten verwendeten Programme. Am Anfang werden in diesem Bereich ein paar vorinstallierte klassische Windows-Programme angezeigt.

❸ Die letzten neu installierten Programme sind hier zu finden.

❹ Schneller Zugriff auf den Explorer. Ein Klick öffnet den Explorer in der neuen Standardansicht. Ein Klick auf den Pfeil rechts zeigt wichtige Verzeichnisse, die wiederum mit einem Klick direkt in einem neuen Explorer-Fenster geöffnet werden können – die am häufigsten gebrauchten Optionen aus der ehemaligen rechten Spalte des Startmenüs früherer Windows-Versionen.

❺ Die *Einstellungen* sind der moderne Nachfolger der Systemsteuerung. Allerdings sind noch längst nicht alle Einstellungen in der neuen App zu finden, die klassische Systemsteuerung wird es noch eine Zeit lang geben.

❻ Sogar der Ausschalter ist wieder fast an der alten Stelle, ein Element, das viele Windows-8-Nutzer nicht mehr gefunden haben.

❼ Ein Klick ganz unten auf *Alle Apps* schaltet auf die gewohnte Programmliste um, die auch hier, wie früher, Unterordner enthalten kann.

Um der minimalistisch gestalteten Liste *Alle Apps* etwas mehr Navigationskomfort zu geben, wurde eine Funktion aus Windows Phone eingebaut.

Beim Antippen eines der Anfangsbuchstaben erscheint eine Liste, in der man schnell zu einem anderen Anfangsbuchstaben springen kann.

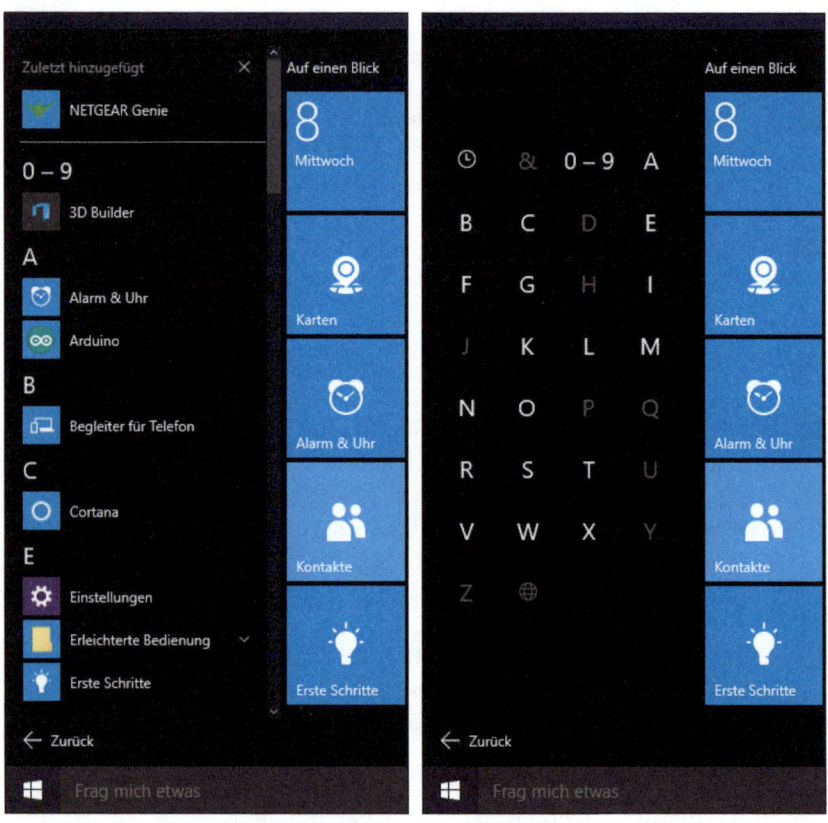

Die Apps-Liste und die Schnellnavigation im neuen Startmenü.

Was ist aus dem Windows-8-Startbildschirm geworden?

Im rechten Teil des Windows-10-Startmenüs sind einige der aus Windows 8.1 bekannten Live-Kacheln vorinstalliert. Diese dienen nicht nur dem bequemen Start häufig genutzter Programme, sondern zeigen auch aktuelle Informationen wie Termine, eingegangene E-Mails oder das Wetter an, ohne ein Programm aufrufen zu müssen. Sie übernehmen damit auch die Funktion der Desktop-Minianwendungen aus Windows 7, die in Windows 10 nicht mehr installiert werden können.

Live-Kacheln

Mit einem Rechtsklick auf eine Kachel lässt sich deren Größe ändern. Sollte eine Live-Kachel trotz Internetverbindung keine aktuellen Informationen, sondern nur das App-Logo anzeigen, aktivieren Sie mit einem Rechtsklick über den Menüpunkt *Live-Kachel aktivieren* die Live-Anzeige. Einige Apps bieten keine Live-Kachel an. Bei diesen Apps fehlt auch der entsprechende Menüpunkt.

Standardsymbole und Live-Inhalte auf den Kacheln Nachrichten und Reisen.

Apps, Ordner und klassische Programme im Startmenü

Im Gegensatz zu Windows 8.1 sortiert Windows 10 im neuen Startmenü alle Programme alphabetisch und macht keinen Unterschied mehr zwischen modernen Apps und klassischen Programmen. Andere Sortierungen als die alphabetische Reihenfolge sind ebenfalls nicht mehr möglich.

Durch einen Klick auf einen Eintrag im Startmenü wird das jeweilige Programm gestartet, egal ob es sich um eine moderne App oder um ein klassisches Programm handelt.

Beim Rechtsklick auf einen Eintrag im Startmenü gibt es dagegen Unterschiede zwischen modernen Apps und klassischen Programmen.

Die neuen Apps lassen sich an das Startmenü und an die Taskleiste anheften und teilweise auch deinstallieren.

Klassische Programme können zusätzlich zu diesen Optionen auch mit Administratorrechten ausgeführt werden.

Außerdem lässt sich hier der Programmpfad anzeigen, der im Gegensatz zu den Windows-Store-Apps bei den meisten Programmen frei wählbar ist. Windows-Store-Apps werden immer unter \Programme\WindowsApps installiert, dieses Verzeichnis ist für den Zugriff durch normale Benutzer – auch mit Administratorrechten – gesperrt.

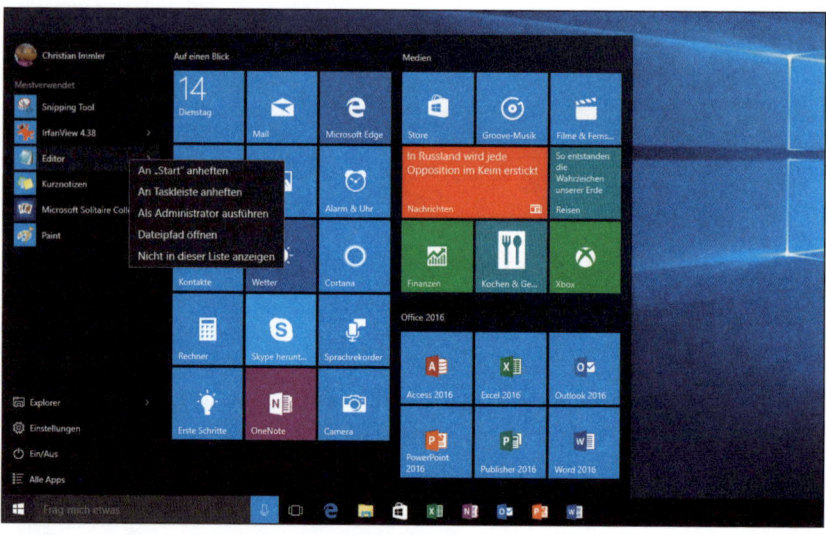

Menü beim Rechtsklick auf ein klassisches Programm im Startmenü.

Startmenü anpassen

Die Kacheln lassen sich beliebig anordnen. Klicken Sie auf eine Kachel und ziehen Sie sie mit gedrückter Maustaste an die gewünschte Position. Die anderen Kacheln machen dabei automatisch Platz. Auf Touchscreens halten Sie einfach länger den Finger auf die Kachel, bis sie sich aus dem Verband löst und frei bewegen lässt.

Ein Rechtsklick bietet für jede Kachel unterschiedliche Größen an. Weitere Programme können aus der Apps-Liste des Startmenüs in den rechten Bereich gezogen werden und erscheinen dort als Kachel. In der Liste bleiben sie zusätzlich erhalten.

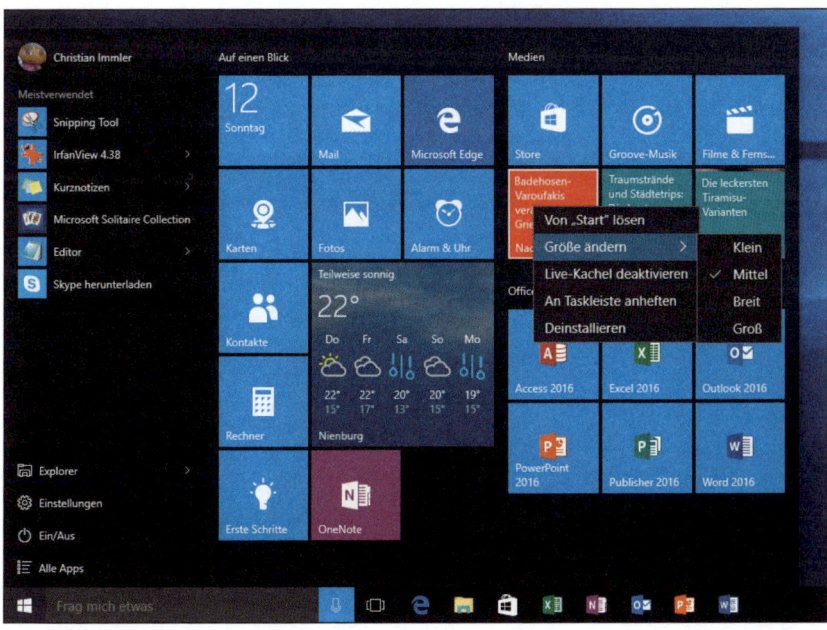

Größe einer Kachel im Startmenü verändern.

Apps in Gruppen anordnen

Die App-Kacheln im Startmenü lassen sich zur besseren Übersicht in Gruppen anordnen, die durch einen etwas breiteren Zwischenraum voneinander getrennt sind. Standardmäßig sind meistens bereits zwei solche Gruppen eingerichtet.

Ziehen Sie eine App auf dem Bildschirm ganz nach rechts oder zwischen zwei bestehende Gruppen, wird eine neue Gruppe angelegt. Klicken Sie auf den Balken oberhalb einer Gruppe, können Sie jeder Gruppe einen eigenen Namen geben.

Um die Reihenfolge der Gruppen zu verändern, ziehen Sie diese auf dem Titelbalken an eine andere Position.

Wird das Startmenü zu klein für die Kacheln, können Sie es an den Rändern sowohl in die Breite als auch in die Höhe ziehen.

Startmenü in die Breite gezogen.

Wichtige Ordner im Startmenü

Ein Klick auf den kleinen Pfeil neben dem Menüpunkt *Explorer* unten im neuen Startmenü blendet eine Liste wichtiger Verzeichnisse ein, die direkt aufgerufen werden können. Noch komfortabler lassen sich diese Ordner aufrufen, wenn man sie direkt im Startmenü anzeigen lässt.

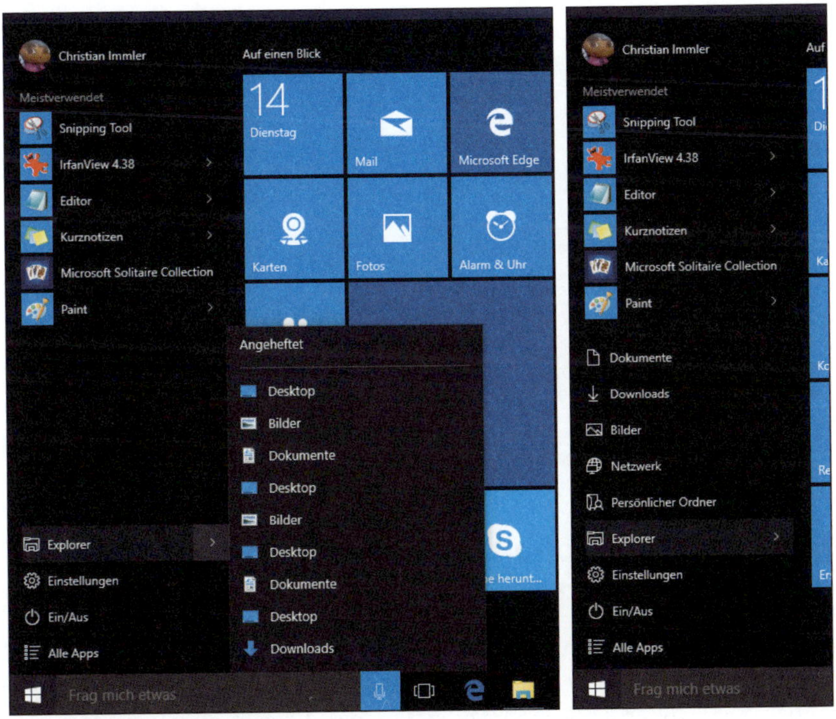

Wichtige Ordner im Startmenü anzeigen.

Rufen Sie dazu die neuen *Einstellungen* auf und wählen Sie dort das Modul *Personalisierung.* Klicken Sie im linken Seitenbalken auf *Start* und dann auf *Ordner auswählen, die im Menü „Start" angezeigt werden.*

Hier wählen Sie aus, welche der Ordner innerhalb des persönlichen Be-
nutzerprofils im Startmenü angezeigt werden sollen. Eine freie Auswahl
beliebiger Ordner ist nicht möglich.

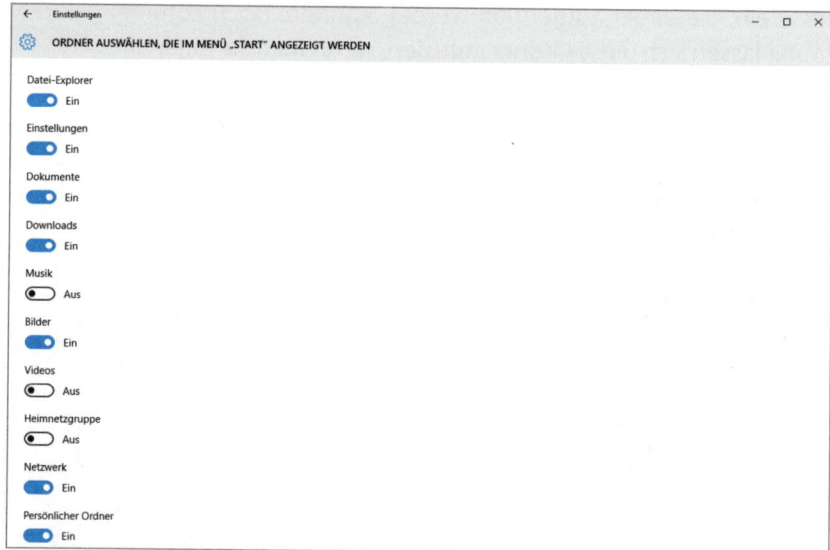

Auswahl der im Startmenü anzuzeigenden Ordner.

Startmenü im Vollbildmodus – Startbildschirm aus Windows 8.1 in Windows 10

Der Startbildschirm von Windows 8.1 bot eine komplette Bildschirmseite
Platz für Live-Kacheln und eine weitere Seite für eine Liste aller installierten
Apps. Ganz so übersichtlich geht es in Windows 10 nicht, aber immerhin gibt
es eine Möglichkeit, das Startmenü im Vollbildmodus anzeigen zu lassen.

Schalten Sie in den *Einstellungen* unter *Personalisierung/Start* den Schalter
Menü „Start" im Vollbildmodus verwenden ein. Beim Klick auf das Windows-
Logo links unten in der Taskleiste erscheint ein formatfüllender Startbild-
schirm mit Kacheln, die Sie frei anordnen können.

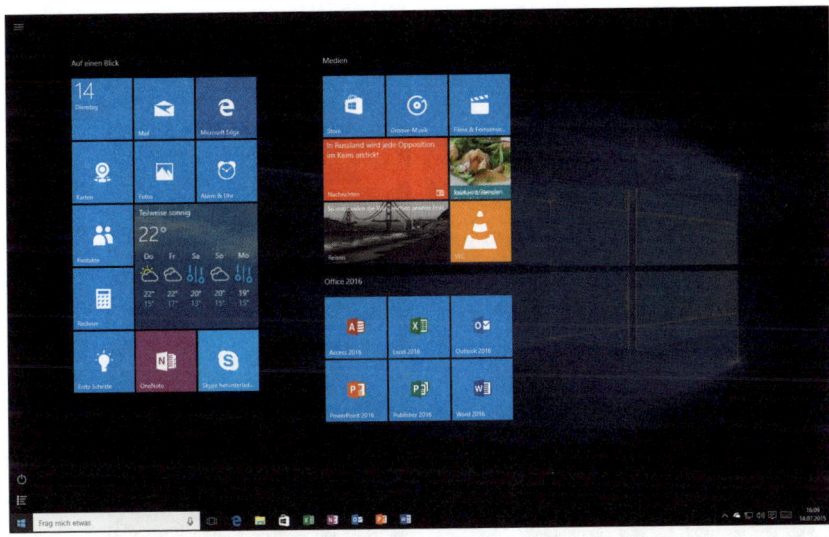

Der Kachelbereich des Startmenüs im Vollbildmodus.

Erst ein Klick auf das sogenannte Hamburger-Menü oben links blendet die aus dem neuen Startmenü bekannte Liste der am häufigsten verwendeten Programme sowie der Schnellzugriffsymbole am unteren Ende des Startmenüs ein. Das Symbol ganz unten zeigt die Liste *Alle Apps* am linken Bildschirmrand.

Das Hamburger-Menü

Der Button mit den drei waagerechten Linien, die aussehen wie die Schichten eines Hamburgers, in der linken oberen Ecke ist ein typisches Bedienelement verschiedener neuer Windows-Apps. Damit wird eine Menüleiste am linken Bildschirmrand eingeblendet und in manchen Fällen auch eine dort bereits vorhandene Symbolleiste um erklärende Texte erweitert. Dieses »Hamburger-Menü« war vor Windows 10 bereits in Android-Apps und auch einigen Windows-Phone-Apps verwendet worden, ist also keine wirkliche Neuheit.

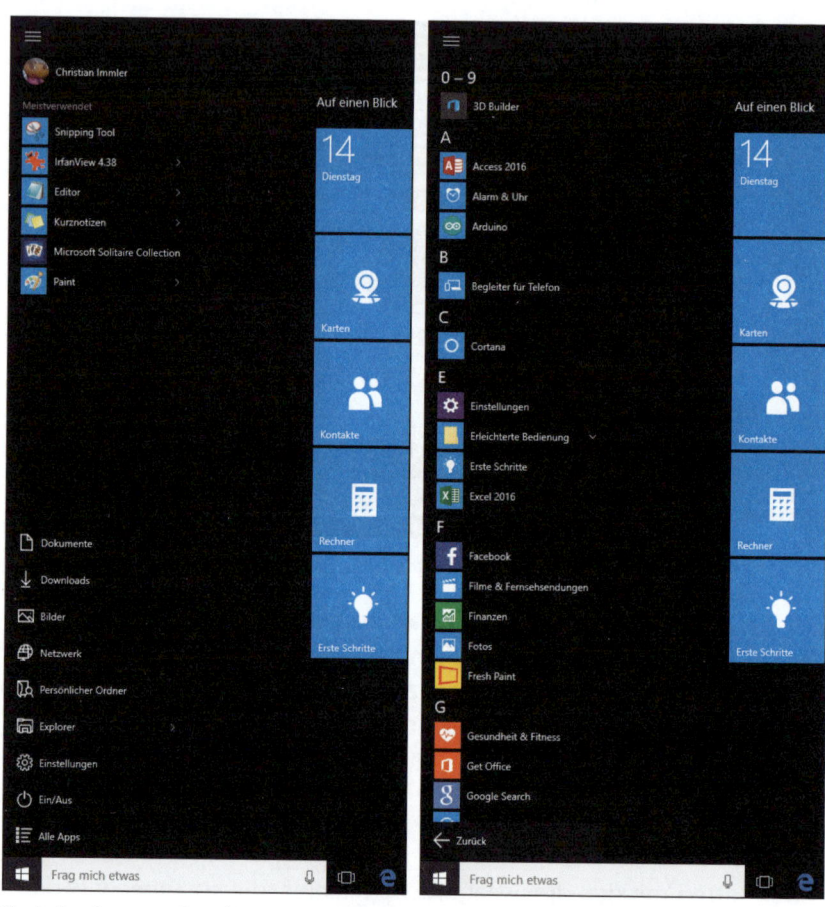

Typisches Startmenü und Apps-Liste im Vollbildmodus.

3. Microsoft Edge – der neue Browser

Seit einem großen Update zu Windows 95 hatten alle Windows-Versionen den Internet Explorer vorinstalliert. In Windows 8 kam sogar zusätzlich eine zweite Variante des Microsoft-Browsers im App-Design dazu. Mit Windows 10 ist der Internet Explorer nun Geschichte und wird nur noch aus Kompatibilitätsgründen mitgeliefert.

Der neue Browser Microsoft Edge ersetzt ab sofort den Internet Explorer. Microsoft Edge – früher als Project Spartan bekannt – basiert auf der Chromium-Technologie und unterstützt im Gegensatz zum Internet Explorer alle modernen Webtechnologien, unter anderem auch PDF-Dokumente, ohne dass eine Browsererweiterung wie der Adobe Reader benötigt wird.

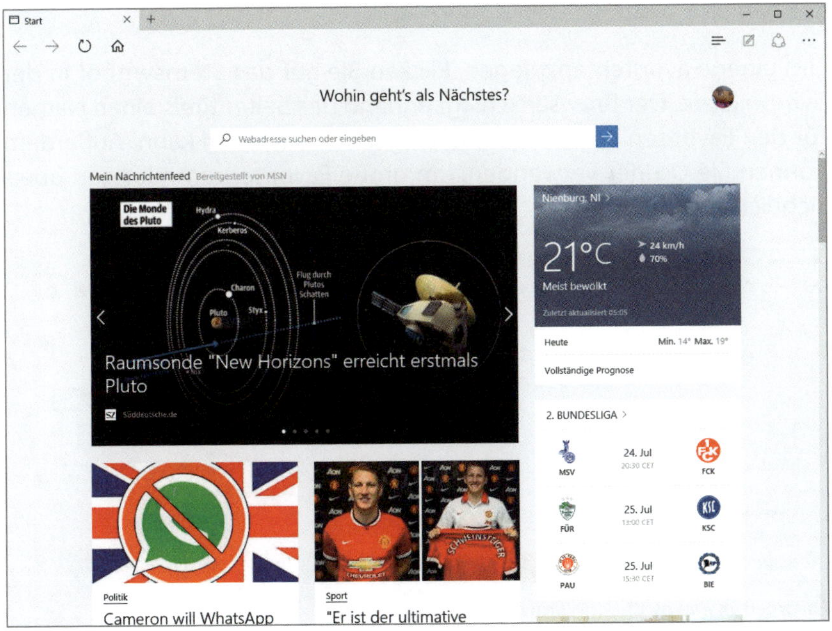

Die Startseite im neuen Browser Microsoft Edge.

Windows 10 verwendet den Microsoft-Edge-Browser auch als Standard-anwendung zur Darstellung lokaler PDF-Dateien.

> **Kein Microsoft Edge für Windows 7 und 8.1**
>
> Mit der Vorstellung des Browsers Microsoft Edge kündigte Microsoft an, diesen Browser ausschließlich für Windows 10 anzubieten. Es wird keine Edge-Varianten für frühere Windows-Versionen geben.

Favoriten, die Lesezeichen in Microsoft Edge

Wie in jedem Browser kann man auch in Microsoft Edge Lesezeichen an-legen, um bestimmte Webseiten schnell wiederzufinden. In Anlehnung an den Internet Explorer bezeichnet auch der neue Browser diese Lese-zeichen als Favoriten.

Um einen Favoriten anzulegen, klicken Sie auf das Sternsymbol in der Symbolleiste. Der Browser schlägt anhand des Seitentitels einen Namen für den Favoriten vor, der aber auch geändert werden kann. Außerdem können Sie Ordner verwenden, um große Favoritensammlungen über-sichtlich zu halten.

Favoriten im Microsoft-Edge-Browser anlegen.

Ein Klick auf das Symbol *Hub* rechts neben dem Sternsymbol öffnet den sogenannten Hub, eine Seitenleiste, die zur Darstellung von Favoriten, Leseliste, Verlauf und Downloads verwendet wird.

Die Favoritenleiste in Microsoft Edge.

Neu angelegte Favoriten erscheinen standardmäßig ganz unten in dieser Liste, Sie können aber einfach per Drag-and-drop die Reihenfolge verändern.

Ein Klick auf einen Favoriten öffnet die jeweilige Webseite im aktuellen Browsertab. Mit einem Rechtsklick können Sie die Seite in einem neuen Tab öffnen sowie den Favoriten umbenennen oder entfernen.

Die Verlaufsliste

Zuletzt geöffnete Webseiten lassen sich schnell über die Verlaufsliste wiederfinden. Zur Anzeige der Verlaufsliste klicken Sie in der Seitenleiste *Favoriten* oben auf das Symbol *Verlauf*.

Ein Klick auf das rote X löscht einen Eintrag aus der Verlaufsliste. Mit einem Rechtsklick können Sie alle Besuche einer Domain auf einmal aus der Verlaufsliste löschen.

Die Leseliste

Um sich eine Webseite nur mal kurz zu merken und sie später zu lesen, will man nicht immer gleich einen Favoriten anlegen. Die neue Leseliste im Microsoft-Edge-Browser ist die Alternative zu ewig geöffneten Browsertabs, die langfristig nur Speicherplatz und Leistung fressen, bis man die Webseite irgendwann mal liest und den Tab schließt.

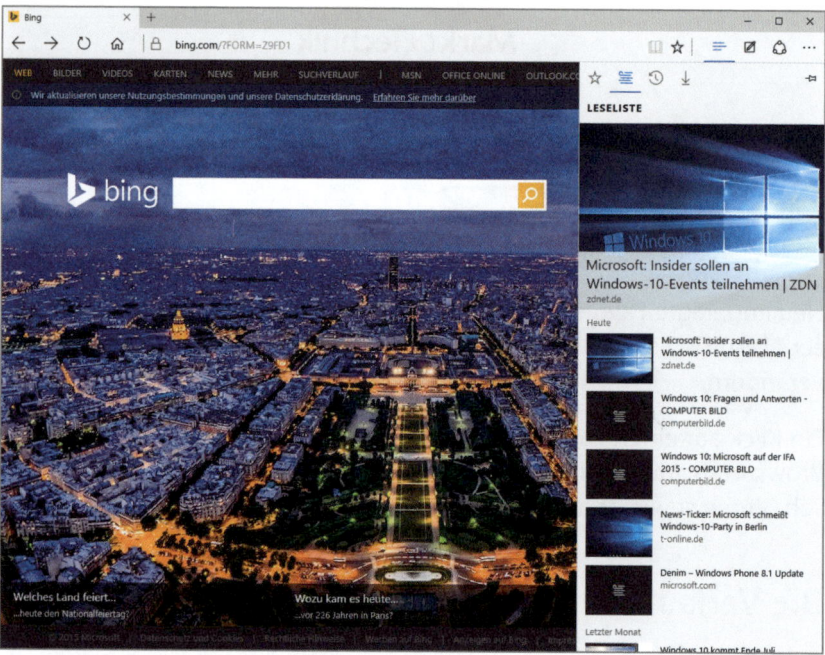

Die Leseliste im Browser Microsoft Edge.

Einen Eintrag in der Leseliste legen Sie ähnlich wie einen Favoriten an. Klicken Sie auf das Sternsymbol in der Symbolleiste des Browsers und wählen Sie dann die Option *Leseliste* anstatt *Favoriten*. Ein einfacher Klick auf *Hinzufügen* fügt die Seite ganz oben in die Leseliste ein. Dabei versucht der Browser, damit man sich leichter daran erinnert, ein Bild aus der Seite mit zu speichern.

Über das Symbol *Leseliste* im Favoriten-Hub können Sie jederzeit auf die Einträge der Leseliste zugreifen, die Seiten öffnen oder auch mit einem Rechtsklick wieder aus der Leseliste entfernen.

> **Wo ist die Leseliste aus Windows 8.1?**
>
> Mit Einführung des neuen Microsoft-Edge-Browsers wird die App *Leseliste* aus Windows 8.1 nicht mehr unterstützt. Sie bleibt nach einem Upgrade zwar installiert, funktioniert aber nicht mehr und erscheint auch nicht mehr im Seitenbalken *Teilen*.

Die Leseansicht im Browser

Zum ungestörten Lesen längerer Texte lassen sich die meisten Webseiten und Blogs im Browser Microsoft Edge auf eine neue Leseansicht umschalten, die überflüssige grafische Elemente und vor allem Werbung ausblendet.

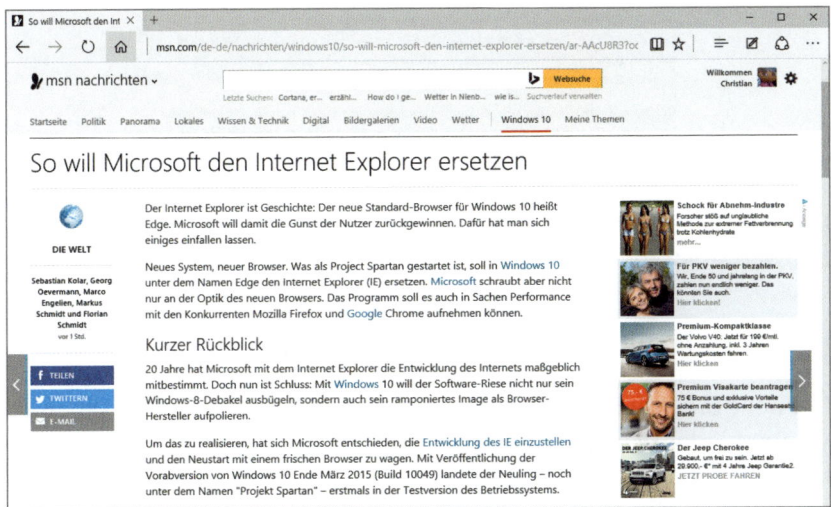

Ein Artikel auf MSN Nachrichten in der normalen Darstellung in Microsoft Edge.

Ein Klick auf das Buchsymbol rechts neben der Adresszeile schaltet die aktuell dargestellte Seite in die Leseansicht um. Leider unterstützen noch nicht alle Webseiten die neue Leseansicht.

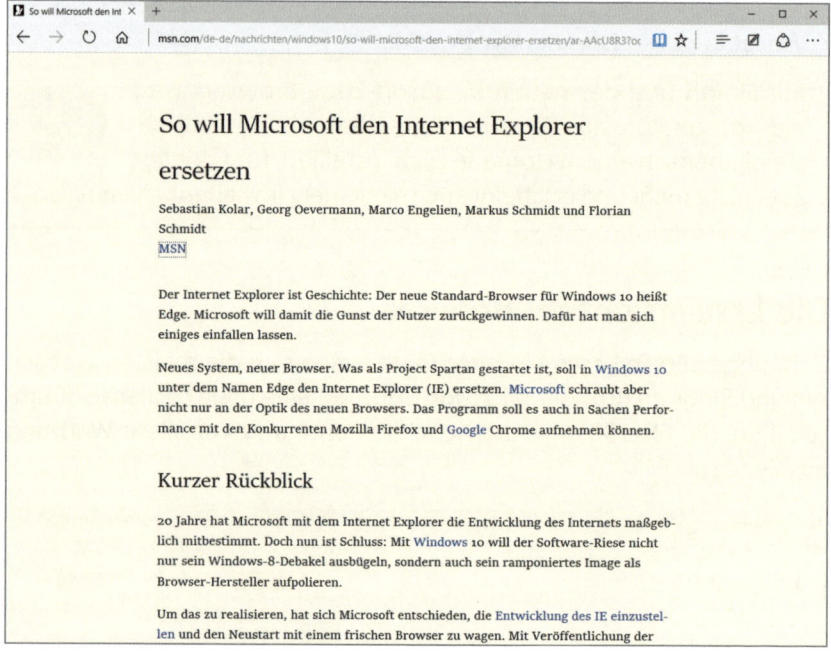

Der gleiche Artikel in der Leseansicht.

Dank der Leseansicht ist es auch nicht unbedingt nötig – aber einen echten Werbeblocker gibt es für Microsoft Edge (noch) nicht.

HTML5-Unterstützung

Der neue Browser Edge setzt voll auf den Webstandard HTML5. Microsoft verabschiedet sich damit von proprietären Technologien, die auf Plugins basierten, wie zum Beispiel das hauseigene Silverlight. Diese Technologie wird in Microsoft Edge nicht mehr unterstützt. Die Unterstützung für Adobe Flash ist in Edge derzeit noch aktiv, Microsoft empfiehlt aber, auch Flash über die Browsereinstellungen abzuschalten.

Im HTML5-Test bei www.html5test.com schneidet Microsoft Edge zwar immer noch schlechter ab als die aktuellen Versionen von Chrome, Firefox oder Opera, aber deutlich besser als sein Vorgänger, der Internet Explorer 11.

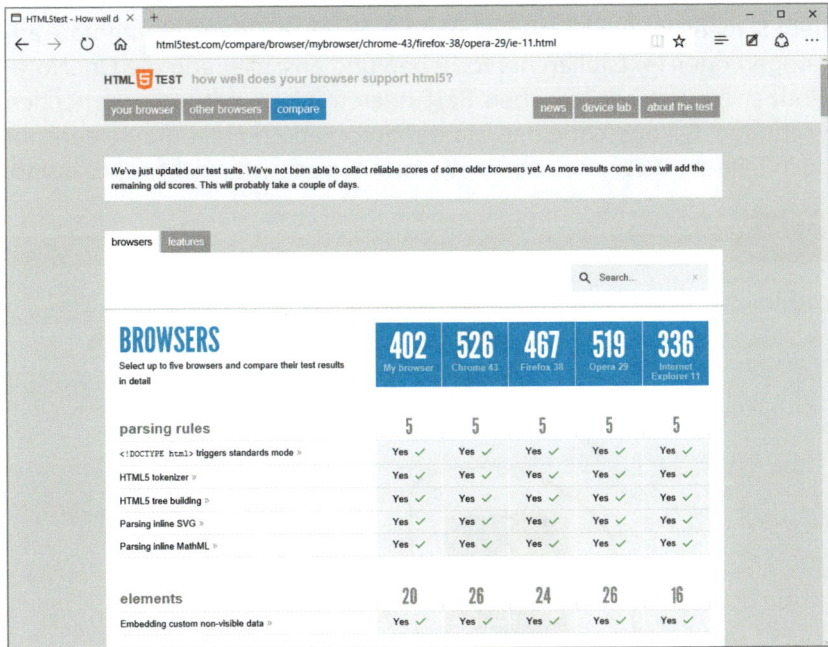

Microsoft Edge im HTML5-Test.

Notizen im Browser

Eine der meistbeworbenen Funktionen des neuen Browsers ist die Möglichkeit, Kommentare auf Webseiten zu schreiben. Obwohl der Werbespruch »Schreiben Sie direkt auf Websites und teilen Sie Ihre Kommentare mit anderen« anderes vermuten lässt, schreibt man nicht auf eine Webseite, sondern nur auf einen Screenshot davon.

Dazu verbindet sich der Browser direkt mit OneNote, dem Notizprogramm aus Microsoft Office, das in Windows 10 inzwischen kostenlos mitgeliefert wird, und verwendet dort einen Screenshot der Webseite als Hintergrund für eine neue Notiz. OneNote wird direkt im Browser eingebettet, sodass man auf den ersten Blick gar nicht merkt, dass man sich auf einmal auf einem Screenshot der Webseite befindet. Hier kann man Kommentare anbringen oder Textstellen hervorheben und anschließend die OneNote-Notiz an Freunde weitergeben. Bei längeren Seiten sollte man vorher den wichtigen Teil ausschneiden, da der automatisch erzeugte Screenshot auch Teile der Webseite enthält, die im Browserfenster nicht sichtbar sind.

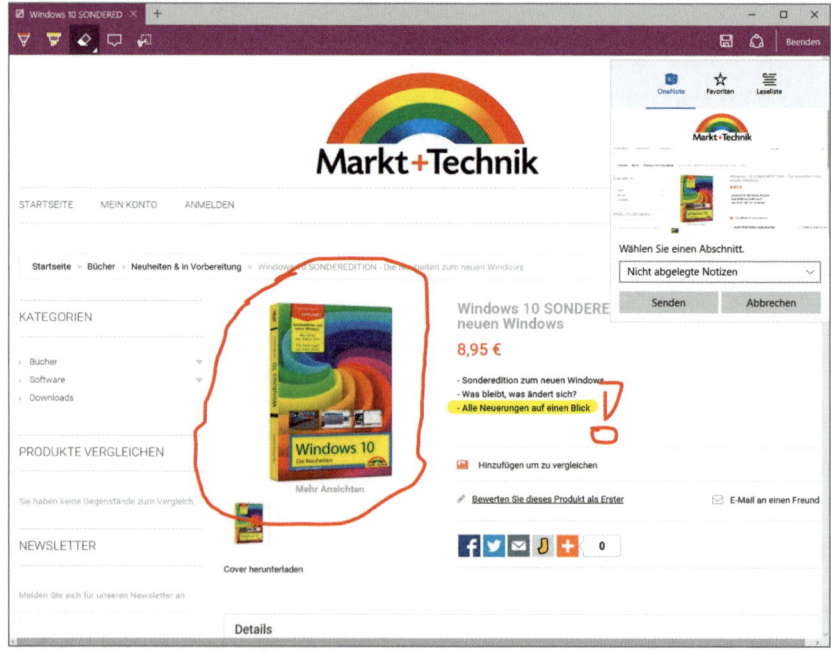

OneNote Notizen auf einer Webseite in Microsoft Edge.

Wählen Sie beim Speichern der Notiz einen Abschnitt innerhalb Ihres persönlichen OneNote-Notizbuchs. OneNote speichert Notizen nicht als einzelne Dateien, sondern verwendet eine eigene Notizbuchstruktur mit Abschnitten und Seiten. Die OneNote-Notizen werden automatisch mit allen Computern und Smartphones, die mit dem gleichen Microsoft-Konto angemeldet sind, synchronisiert.

Obwohl man nicht wirklich auf eine Webseite schreibt, liefert Microsoft mit dem neuen Browser hier eine innovative und nützliche Technologie, die sich jetzt nur noch im Alltag bewähren muss.

Interessante Links an Freunde weitergeben

Wer eine interessante Internetseite gefunden hat, kann diese, ohne sie sich zwischendurch merken zu müssen, an Freunde weiterleiten.

Die Charms-Leiste ist in Windows 10 weggefallen und damit auch die systemweite *Teilen*-Funktion. Klicken Sie, um einen Link zu teilen, oben rechts in Microsoft Edge auf das *Teilen*-Symbol. Jetzt erscheint eine Liste aller im System eingetragenen Kommunikations-Apps, die sich zum Weiterleiten oder Speichern von Internetadressen eignen.

Wählen Sie hier die gewünschte Methode aus und leiten Sie so den Link zur aktuellen Webseite weiter.

Bei E-Mails wird die Betreffzeile automatisch mit dem Seitentitel gefüllt und der eigentliche Link in den Mailtext eingetragen, sodass der Empfänger nur noch darauf zu klicken braucht. Wenn die Webseite diese Technik unterstützt, werden automatisch ein Bild und ein Kurztext in die Mail eingefügt.

Sie müssen nur noch den Empfänger angeben und vielleicht einen freundlichen Satz in die Mail schreiben, damit die Internetadresse nicht ganz so unvermittelt beim Empfänger ankommt.

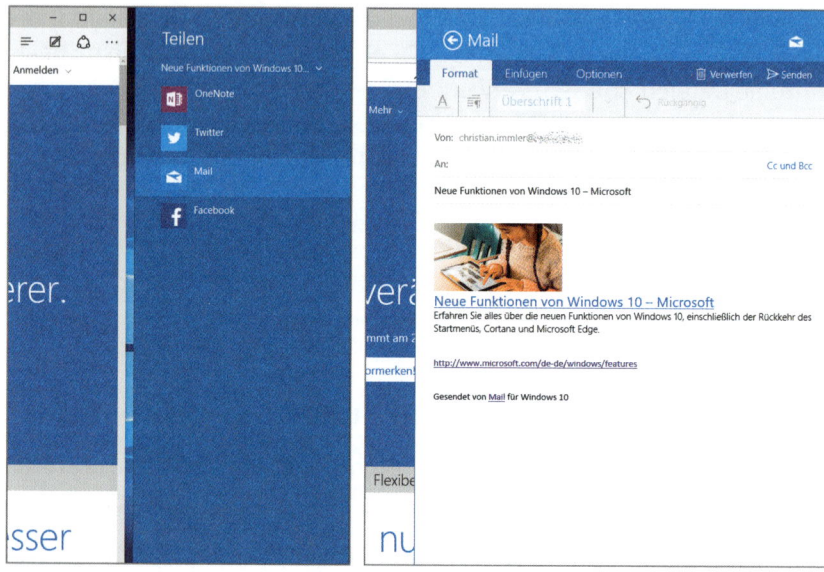

Link per E-Mail teilen.

Screenshot einer Webseite teilen

Anstatt einen Link zu teilen, können Sie mit dem *Teilen*-Symbol auch einen Screenshot der Webseite erstellen. Klicken Sie dazu auf den kleinen Pfeil rechts oben in der Seitenleiste *Teilen* und wählen Sie die Option *Bildschirmfoto* aus. Jetzt werden verschiedene Apps angeboten, um das Bildschirmfoto zu teilen. Leider ist es nicht möglich, es einfach als Bilddatei zu speichern.

Das Menü im Browser Microsoft Edge

Einige seltener benötigte Browserfunktionen haben kein Symbol in der Symbolleiste, sondern werden über das Menüsymbol mit den drei Punkten rechts oben aufgerufen.

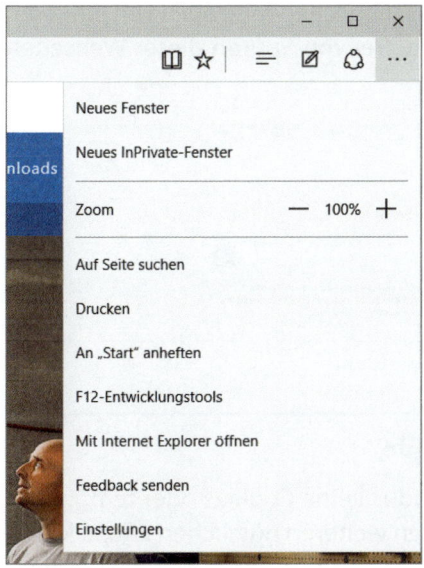

Über dieses Menü lässt sich ein neues Browserfenster öffnen; neue Tabs im gleichen Fenster öffnen Sie wie bei den meisten Browsern über das Plussymbol rechts neben den Tabs.

Das Menü rechts oben in Microsoft Edge.

Unerkannt surfen im InPrivate-Modus

Möchten Sie nicht, dass ein anderer Benutzer des Computers sieht, dass Sie bestimmte Webseiten besucht haben, nutzen Sie für diese Seiten den InPrivate-Modus von Microsoft Edge, der weitgehend aus dem Internet Explorer übernommen wurde. Zum InPrivate-Surfen wird immer ein neues Browserfenster geöffnet. Wählen Sie im Menü *Neues InPrivate-Fenster*.

InPrivate-Fenster werden mit einem blauen InPrivate-Symbol in der Adressleiste deutlich gekennzeichnet. Alle weiteren Registerkarten, die über Links aus einem InPrivate-Fenster heraus geöffnet werden, laufen ebenfalls im InPrivate-Modus. In diesem Modus speichert der Browser Microsoft Edge keine temporären Dateien oder Cookies. Die besuchten Seiten werden auch nicht in die Verlaufsliste eingetragen.

Besonders beim Surfen auf Internetseiten mit zweifelhaften oder jugendgefährdenden Inhalten sollte man auf privaten Computern den InPrivate-

Modus einschalten, um das Gerät, das möglicherweise auch von jüngeren Familienmitgliedern verwendet wird, frei von Spuren dieser Webseiten zu halten.

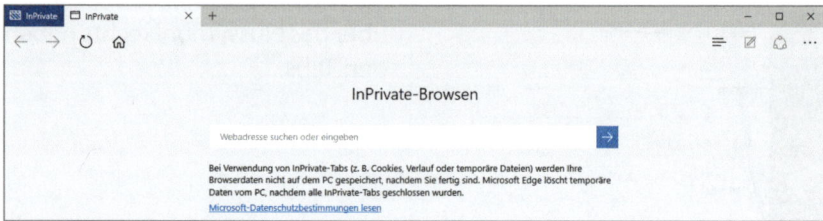

Ein neues InPrivate-Fenster.

InPrivate – nicht nur für Paranoide

Dass der Browser im InPrivate-Modus keine Cookies oder temporären Daten speichert, hat noch einen weiteren nützlichen Effekt. Mithilfe von InPrivate-Fenstern können Sie z. B. mit zwei Microsoft- oder Google-Konten gleichzeitig angemeldet sein, was in normalen Browserfenstern nicht funktioniert, da jedes Fenster die Anmeldecookies der anderen Fenster übernimmt. Außerdem können Sie in einem InPrivate-Fenster sehen, wie eine anmeldepflichtige Seite, z. B. ein Facebook-Profil oder ein Onlineshop, aus Sicht eines Fremden aussieht, während Sie im normalen Browserfenster selbst angemeldet sind.

Webseiten an das Startmenü anheften

Besonders häufig gebrauchte Webseiten können Sie auch direkt im Kachelbereich des Startmenüs ablegen. Dort sind sie noch schneller erreichbar als über die Lesezeichen.

Klicken Sie im Browsermenü auf An *„Start" anheften*. Die aus Windows 8.1 bekannten Möglichkeiten, ein Symbol zu wählen und den Namen der neuen Kachel frei zu vergeben, sind in Windows 10 weggefallen.

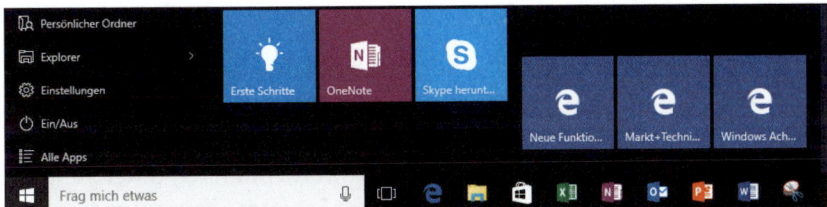

Kacheln als Lesezeichen für Webseiten in Microsoft Edge.

Das Lesezeichen erscheint als neue Kachel ganz rechts unten in einer neuen Gruppe auf dem Startbildschirm. Diese Kachel können Sie wie andere Kacheln auch auf dem Startbildschirm verschieben, in der Größe verändern oder später, wenn gewünscht, wieder vom Startbildschirm entfernen.

F12-Entwicklungstools

Der Menüpunkt *F12-Entwicklungstools* oder die Taste [F12] zeigen den Quelltext der aktuellen Webseite an. Im gleichen Fenster finden Sie auch eine Konsole, einen Debugger und weitere nützliche Tools für Webmaster.

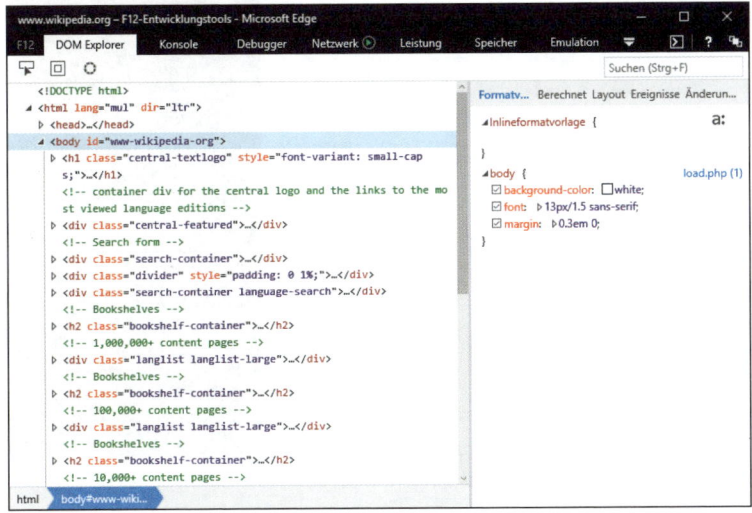

Quelltext einer Webseite im Entwicklungstools-Fenster.

Webseiten mit dem Internet Explorer öffnen

Sollte sich eine ältere Webseite in Microsoft Edge nicht korrekt darstellen lassen, gibt es auch in Windows 10 noch den Internet Explorer in der aktuellen Version 11. Dieser Browser wird nur noch aus Kompatibilitätsgründen mitgeliefert und ist auch im Startmenü nur noch unter *Zubehör* zu finden. Über den Menüpunkt *Mit Internet Explorer öffnen* wird die aktuell in Microsoft Edge dargestellte Webseite im Internet Explorer geöffnet.

Einstellungen in Microsoft Edge

Der Browser Microsoft Edge bietet deutlich weniger, dafür übersichtlichere Einstellungen als der Internet Explorer. Diese sind über den Menüpunkt *Einstellungen* zu erreichen.

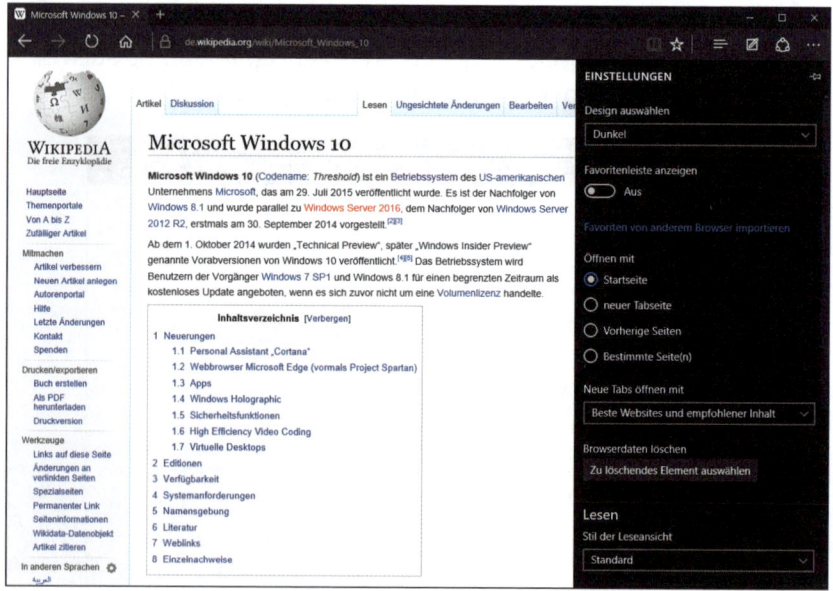

Microsoft Edge mit der Seitenleiste »Einstellungen« und Favoritenleiste im dunklen Design.

Design auswählen

Der Browser Microsoft Edge bietet zwei unterschiedliche Designs an, das standardmäßige helle Design und ein dunkles, bei dem alle Bedienelemente in Weiß auf schwarzem Grund erscheinen.

In diesem Design entspricht der Browser im Aussehen dem Startmenü, Info-Center und der Fotos-App, die alle dieses dunkle Design verwenden.

Favoritenleiste anzeigen

Auch Microsoft Edge besitzt eine Favoritenleiste, die – wie von anderen Browsern bekannt – besonders wichtige Lesezeichen direkt unterhalb der Adresszeile anzeigt. Sie ist standardmäßig ausgeblendet, kann aber über die *Einstellungen* eingeblendet werden.

Um ein Lesezeichen in der Favoritenleiste abzulegen, erstellen Sie es wie üblich mit dem Sternsymbol und wählen dann im Listenfeld *Erstellen in* die Option *Favoritenleiste*.

Favoriten aus anderem Browser importieren

Nach dem Upgrade auf Windows 10 können Sie von Ihrem zuvor verwendeten Browser die Lesezeichen bzw. Favoriten importieren. Klicken Sie auf den Link in den *Einstellungen* und wählen Sie den gewünschten Browser aus.

Beim Import aus dem Internet Explorer werden auch die dort vorinstallierten Favoriten importiert, die mit dem Microsoft-Edge-Browser nicht mehr funktionieren, wie zum Beispiel die automatischen Seitenvorschläge oder der Webslice-Katalog. Diese können wie jeder andere Favorit einfach per Rechtsklick entfernt werden.

Startseite im Edge-Browser einstellen

In den *Einstellungen* legen Sie fest, mit welcher Seite ein neues Browser-fenster geöffnet werden soll. Auch für neue Tabs bietet Microsoft Edge eine spezielle Seite an.

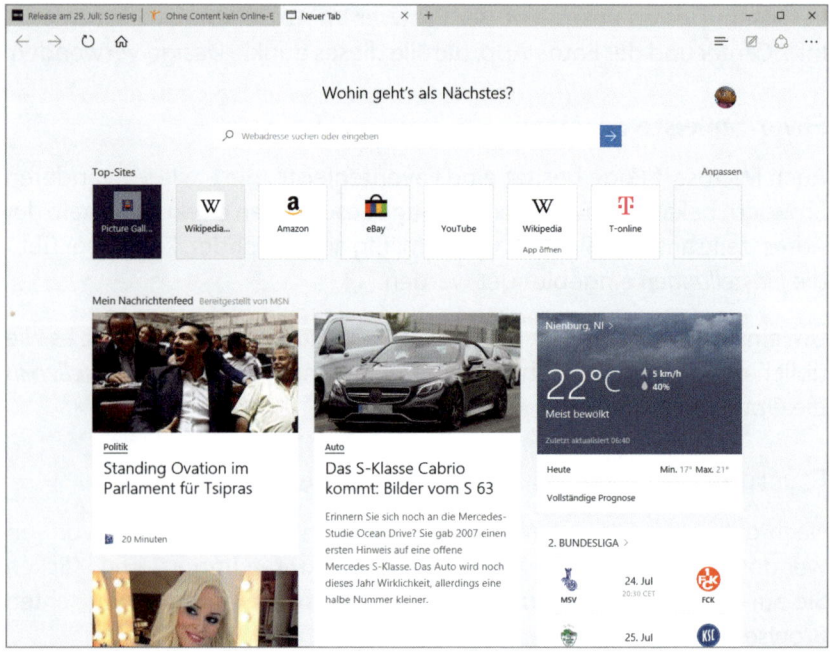

Die Seite für neue Tabs in Microsoft Edge – das Feld »Wohin geht's als Nächstes« ist gleichzeitig Adresszeile und Suchmaschine.

Ähnlich wie Firefox kann Microsoft Edge beim Start auch alle zuletzt geöffneten Tabs wieder anzeigen. Die Option *Bestimmte Seite(n)* ermöglicht die freie Auswahl einer Startseite, wie zum Beispiel eines Nachrichtenportals oder einer Suchmaschine.

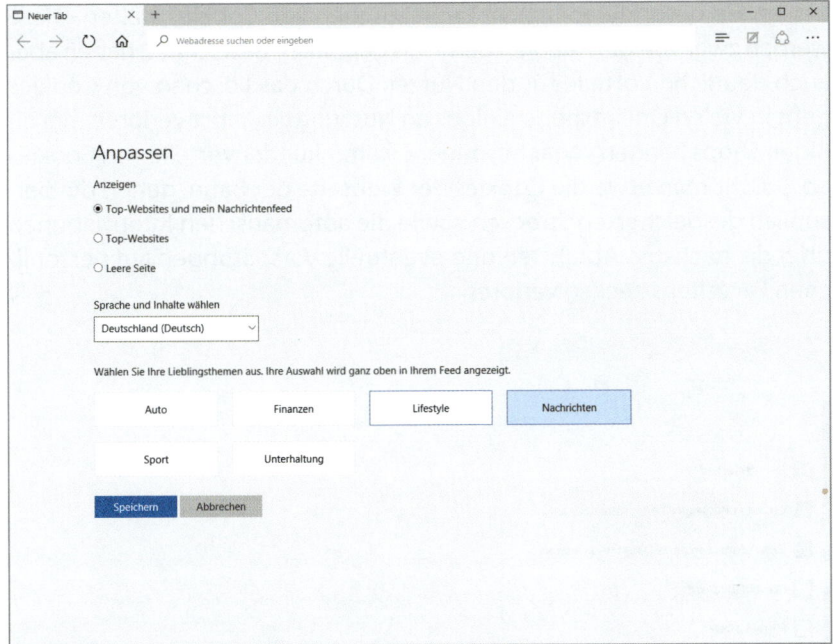

Die Seite für neue Tabs kann über den Link »Anpassen« an persönliche Interessen angepasst werden.

Browserdaten löschen

Die persönlichen Daten lassen sich alle an einer zentralen Stelle löschen. Klicken Sie in den *Einstellungen* unter *Browserdaten löschen* auf *Zu löschendes Element auswählen*.

Hier können Sie wählen, welche Datentypen gelöscht werden sollen. Dabei sollten Sie genau zwischen Surfkomfort und Datenschutzbedürfnis abwägen. So sollten Sie zum Beispiel Passwörter nur löschen, wenn Sie sie auswendig wieder neu eingeben können.

Lassen Sie besondere Vorsicht beim Löschen von Cookies walten. Diese werden zwar von den Medien gerne als gefährlich bezeichnet, haben aber auch deutliche Vorteile für den Nutzer. Durch das Löschen von Cookies geht in vielen Onlineshops einiges an Nutzungskomfort verloren, bei einigen Shops hängen sogar besondere Stammkundenvorteile von Cookies ab. Löscht man etwa die Cookies der Webseite der Bahn, gehen die persönlich gespeicherten Strecken sowie die automatischen Informationen über die nächsten Abfahrten und eventuelle Verspätungen auf persönlichen Favoritenstrecken verloren.

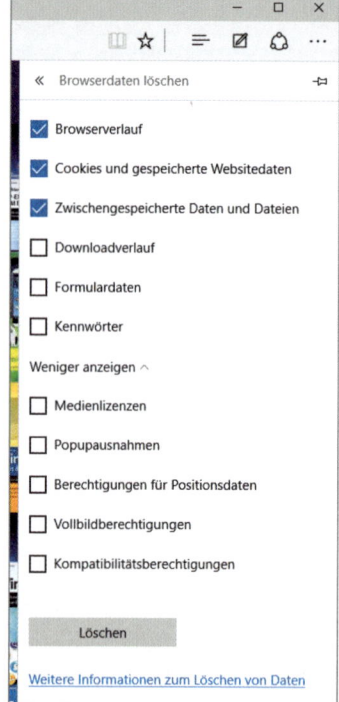

Auswahl der zu löschenden Browserdaten.

Die aus dem Internet Explorer von Windows 8.1 bekannten Funktionen zum Löschen einzelner Cookies oder um Cookies von

Favoritenseiten grundsätzlich zu behalten, stehen in Microsoft Edge leider nicht mehr zur Verfügung.

Ein Klick auf *Mehr anzeigen* blendet noch einige selten benötigte Optionen ein. Diese Daten braucht man nur bei Fehlern zu löschen. Sie enthalten keine im Hinblick auf Datenschutz relevanten Informationen, sondern Berechtigungen einzelner Webseiten, bestimmte Browserfunktionen zu nutzen.

Die *Medienlizenzen* sollten Sie nur bei Fehlfunktionen löschen oder wenn Sie den Computer endgültig weggeben. Ohne diese Medienlizenzen lassen sich DRM-geschützte Kaufvideos oder Musik nicht mehr abspielen.

Einstellungen für die Leseansicht

Für die neue Leseansicht, die über das Buchsymbol in der Symbolleiste aufgerufen wird, lassen sich verschiedene Hintergrundfarben und Schriftgrößen wählen.

Unterschiedliche Darstellungen der Leseansicht.

Erweiterte Einstellungen in Microsoft Edge

Ein Klick auf *Erweiterte Einstellungen* bietet noch einige interessante Einstellungen an.

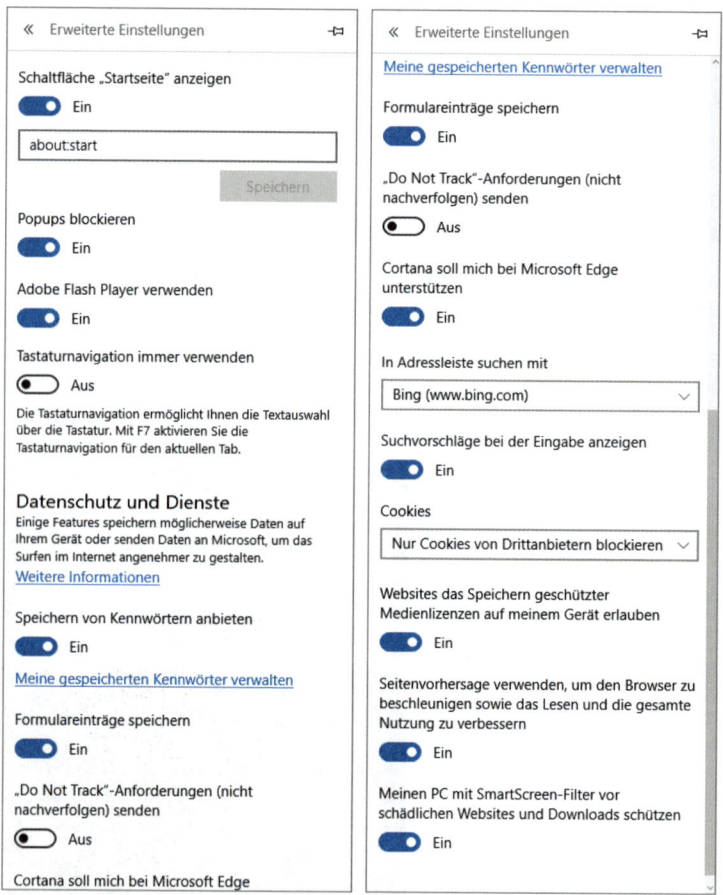

Die erweiterten Einstellungen in Microsoft Edge.

Schaltfläche Startseite anzeigen

Das Haussymbol, das mit einem Klick zur Startseite führt, wird standardmäßig nicht angezeigt. Mit diesem Schalter wird es aktiviert. Darunter können Sie angeben, auf welche Seite dieses Symbol führen soll, *about:start* steht dabei für die in den *Einstellungen* festgelegte Startseite.

Pop-ups blockieren

Pop-ups werden in Microsoft Edge standardmäßig generell blockiert. Der Pop-up-Blocker kann auf Wunsch ausgeschaltet werden. Eine Liste zugelassener Seiten, wie man es vom Internet Explorer oder Firefox kennt, gibt es im neuen Browser nicht.

Adobe Flash Player verwenden

Der Adobe Flash Player ist in Microsoft Edge zwar noch integriert, sollte aber laut Empfehlungen von Microsoft aus Sicherheitsgründen nicht mehr verwendet werden. Schalten Sie ihn in den *Einstellungen* einfach ab. Immer mehr moderne Webseiten nutzen mittlerweile den HTML5-Standard statt Plug-in-basierter Lösungen wie Flash oder Silverlight.

Tastaturnavigation

Mit der Taste F7 lässt sich in Microsoft Edge die Tastaturnavigation aktivieren. Dann erscheint ein Cursor auf der Webseite, mit dem man mit gedrückter ⇧-Taste und den Pfeiltasten Text markieren kann, was sonst im Browser nur mit der Maus möglich ist.

Ist der Schalter *Tastaturnavigation immer verwenden* eingeschaltet, brauchen Sie die Taste F7 nicht mehr zu drücken. Die Tastaturnavigation ist immer automatisch aktiv.

Kennwörter speichern

Damit man sich nicht alle Passwörter der diversen Webseiten zu merken braucht, bietet Microsoft Edge wie die meisten Browser die Möglichkeit, Passwörter zu speichern. Bei jeder Webseite, die eine Anmeldung verlangt, erscheint eine Meldung im Browser, ob das Passwort gespeichert werden soll.

Möchten Sie Passwörter generell nicht speichern und auch auf diese Abfrage verzichten, können Sie den Schalter *Speichern von Kennwörtern anbieten* deaktivieren. Genauso können Sie auch das automatische Speichern von Formulareinträgen – z. B. für Adressen und Telefonnummern – bei Bedarf abschalten.

Über den Link *Meine gespeicherten Kennwörter verwalten* sehen Sie alle im Browser gespeicherten Anmeldedaten und können sie einzeln löschen oder auch nachträglich verändern. Im Gegensatz zu Firefox bietet Microsoft Edge keine Möglichkeit, gespeicherte Passwörter im Klartext anzuzeigen.

Der Verfolgungsschutz Do Not Track

Möchten Sie nicht nur selbst auf dem PC keine Spuren hinterlassen, sondern auch für die Anbieter unerkannt bleiben, können Sie mit dem Tracking-Schutz *Do Not Track* (DNT) in Microsoft Edge Inhalte bestimmter Drittanbieter blockieren.

Der Tracking-Schutz weist den jeweiligen Webserver an, Skripte von Drittanbietern auf Webseiten, die das eigene Surfverhalten ausspionieren, zu blockieren. Dabei handelt es sich aber um keine automatisierte technische Maßnahme, sondern der Webserver muss an dieser Stelle den Willen des Besuchers respektieren und auf das Tracking verzichten.

Da in Windows 8 trotz aller Kritik des W3-Consortiums der Tracking-Schutz im Internet Explorer standardmäßig eingeschaltet war, haben viele große Werbeanbieter bekannt gegeben, derartige Anfragen nicht mehr zu beachten. Damit wurde *Do Not Track* weitgehend wirkungslos.

Tracking-Schutz testen

Auf der Webseite www.donottrack.us können Sie testen, ob der Tracking-Schutz des Browsers von anderen Webseiten erkannt wird. Hier finden Sie auch eine relativ kurze Liste von Webseiten und Werbenetzwerken, die *Do Not Track*-Anfragen heute noch beachten.

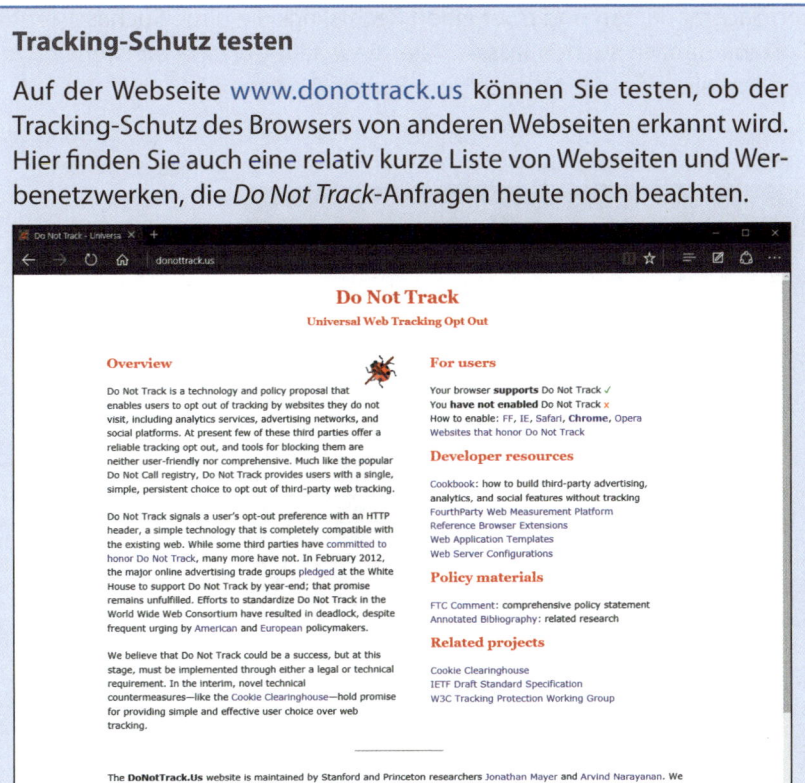

Um zu den Empfehlungen des W3C konform zu sein, wurde *Do Not Track* in Microsoft Edge standardmäßig wieder ausgeschaltet, kann aber jederzeit eingeschaltet werden.

Cortana in Microsoft Edge

Ist der Schalter *Cortana soll mich bei Microsoft Edge unterstützen* eingeschaltet, kann man auf einer Webseite einen Begriff oder auch einen ganzen Satz markieren und über einen Rechtsklick die neue Suchassistentin Cortana danach suchen lassen. Allerdings fällt Cortana meistens nichts anderes ein, als auf Bing nach dem Begriff zu suchen.

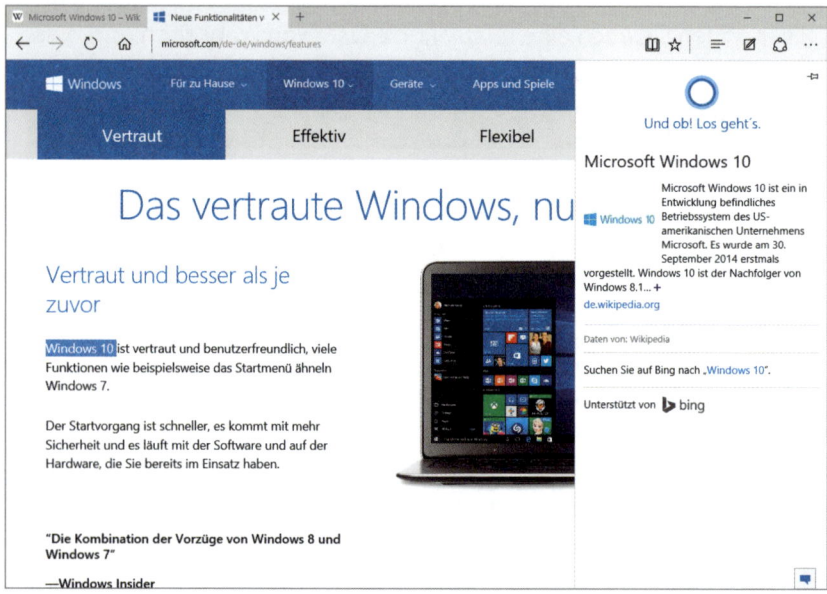

Cortana unterstützt im Browser Microsoft Edge.

In Adressleiste suchen

Gibt man in der Adressleiste des Browsers anstelle einer Internetadresse einfach ein Wort ein, wird dieser Begriff bei Bing gesucht.

In den *Einstellungen* kann man dafür eine andere Suchmaschine festlegen. Allerdings muss diese manuell eingetragen werden. Der Browser Microsoft Edge schlägt »Bings böse Konkurrenz« Google nicht automatisch vor.

Ist der Schalter *Suchvorschläge bei der Eingabe anzeigen* aktiviert, schlägt Bing bereits während der Eingabe in der Adresszeile wie bei der Eingabe im Suchfeld auf www.bing.de häufig gesuchte Begriffe vor.

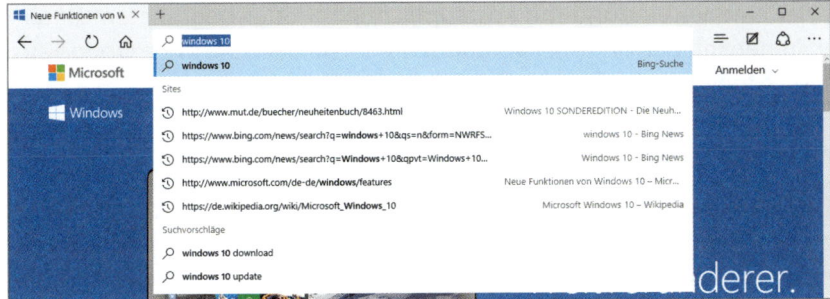

Suchvorschläge im Browser.

Cookies blockieren

Microsoft Edge kann auch ohne in den InPrivate-Modus umgeschaltet zu werden, auf Wunsch Cookies blockieren. Da die meisten Cookies aber nützlich sind, um zum Beispiel persönliche Einstellungen in Onlineshops und anderen Webseiten zu speichern, empfiehlt es sich, nur Cookies von Drittanbietern zu blockieren. Dabei handelt es sich meistens um Werbenetzwerke, die auf Webseiten Cookies zur Verfolgung von Besuchern setzen.

Websites das Speichern geschützter Medienlizenzen auf meinem Gerät erlauben

Ist dieser Schalter aktiviert, können DRM-geschützte Videos im Browser dargestellt werden. Die entsprechende Lizenz wird lokal auf dem PC gespeichert. Auf öffentlich genutzten PCs sollte dieser Schalter deaktiviert werden, damit Ihnen bei Medien, die nur auf einer begrenzten Anzahl an Geräten abgespielt werden dürfen, keine Lizenz verloren geht.

Seitenvorhersage verwenden

Mit dieser Einstellung kann der Browser von einer Webseite verlinkte Seiten, die von vielen Besuchern aufgerufen werden, bereits vorab in den Cache laden und so den späteren Seitenaufruf beschleunigen. Wenn Sie

über eine Verbindung mit kostenpflichtigem oder begrenztem Datenvolumen mit dem Internet verbunden sind, schalten Sie diese Option aus,
um Datenvolumen zu sparen.

Meinen PC mit SmartScreen-Filter schützen

Der SmartScreen-Filter prüft Webseiten und Downloads und blockiert
als gefährlich bekannte. Dieser Filter ersetzt keinen vollständigen Virenscanner, verhindert aber, dass als gefährlich bekannte Software auf den
PC gerät.

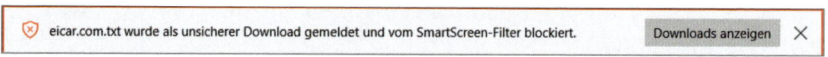

Meldung des SmartScreen-Filters, wenn ein gefährlicher Download blockiert wurde.

4. Cortana und die neue Suche

Das neue Suchfeld in der Taskleiste findet lokale Dateien, Apps und Einstellungen, aber auch Suchergebnisse im Internet. Im Gegensatz zu Windows 7 braucht man keine zwei getrennten Suchfunktionen mehr für lokale und Websuche. Das einfache Eintippen eines Suchbegriffs wie in Windows 8 ist jedoch nicht mehr möglich, man muss zuerst in das Suchfeld *Web und Windows durchsuchen* klicken.

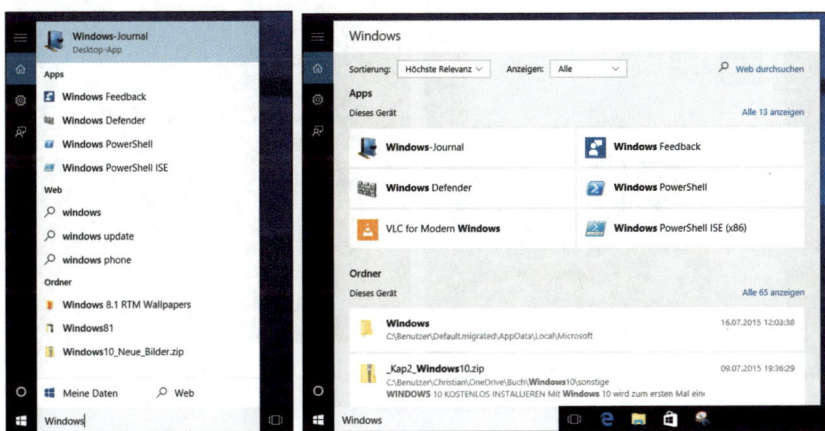

Die neue Suche in Windows 10.

Mit den Schaltflächen ganz unten lassen sich die Suchergebnisse auf eigene Dateien oder Websuchergebnisse einschränken. Bei der Websuche wird die Suchmaschine Bing im Browser geöffnet.

Suchen mit Cortana

Die digitale Assistentin Cortana, die nicht nur die Suche erweitert, sondern auch an Termine erinnern und diverse weitere Fragen beantworten kann, ist eine der interes-

santesten – wenn auch nicht unbedingt notwendigen – Neuerungen in Windows 10.

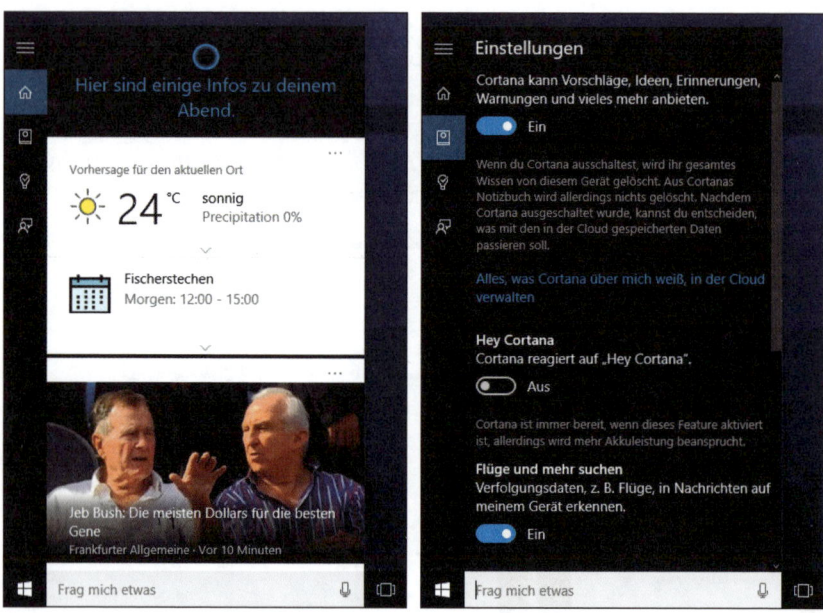

Vor der ersten Benutzung muss Cortana einmal aktiviert werden.

Nach der ersten Aktivierung über das Kreissymbol im Suchfeld wertet Cortana alle dort eingegebenen Anfragen aus. Anschließend erscheint das kreisförmige Cortana-Symbol automatisch im Suchfeld der Taskleiste.

Zusätzlich reagiert Cortana auf Spracheingabe und spricht dann auch die Antworten. Die Tastenkombination ⊞+Ⓒ oder ein Klick auf das Mikrofonsymbol im Suchfeld lässt Cortana zuhören.

Optional lässt sich Cortana auch über einen Sprachbefehl *Hey Cortana* aktivieren, was besonders auf mobilen Geräten nützlich sein kann. Allerdings verbraucht gerade dort die ständige Rufbereitschaft viel wertvolle Akkuleistung.

Audiogeräte für Cortana einrichten

Damit die Sprachsteuerung für Cortana funktioniert, müssen Mikrofon und Lautsprecher oder ein Headset eingerichtet sein. In den meisten Fällen erledigt Windows das automatisch. Hat der PC aber mehrere Anschlüsse für Audiogeräte, kann es passieren, dass nichts zu hören ist.

Mit einem Rechtsklick auf das Lautsprechersymbol im Infobereich der Taskleiste öffnen Sie die Einstellungen für Wiedergabe- und Aufnahmegeräte.

Wählen Sie hier die verwendeten Geräte und über die *Eigenschaften*-Schaltflächen auch die verwendeten Anschlussbuchsen. Mit einem Rechtsklick auf einen Lautsprecher oder Kopfhörer können Sie einen Testsound abspielen.

Sprechen Sie eine Frage oder tippen Sie diese im Suchfeld ein, versucht Cortana, eine Antwort darauf zu finden. Wenn Cortana keine Antwort einfällt, wird der Browser Microsoft Edge geöffnet und auf Bing nach dem gesprochenen Text gesucht.

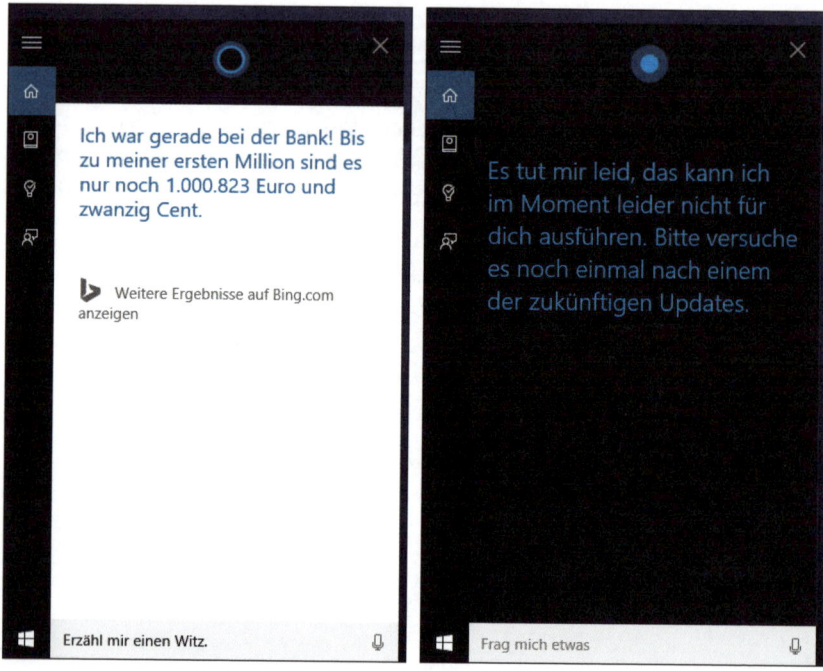

Cortana kann auch (schlechte, aber jugendfreie) Witze erzählen.

Fragt man Cortana etwas, das in einem zukünftigen Update implementiert wird, wie zum Beispiel *Schreib eine E-Mail an...*, erscheint ein entsprechender Hinweis. Diese Texte werden nicht auf Bing gesucht.

Die lokale Suche in eigenen Dateien kann auch mit Cortana verwendet werden. *Suche in meinen Dateien Windows* findet alle eigenen Dokumente, in deren Dateinamen das Wort *Windows* vorkommt.

Tippt man die Anfrage ein, anstatt sie zu sprechen, reicht auch einfach der Suchbegriff.

Cortana kennt den eigenen Terminkalender

Cortana kann an Termine erinnern und auch selbstständig Inhalte wie Nachrichten, Verkehrsmeldungen oder Wetter vorschlagen. Auf mobilen Geräten kann man sich abhängig vom aktuellen Standort lokale Gastronomie empfehlen lassen.

Wer nicht jedes Mal seinen Terminkalender öffnen will, nur um zu wissen, ob Termine anstehen, kann einfach Cortana fragen. So liefert Cortana zum Beispiel auf die Frage *Wann habe ich den nächsten Termin?* alle Termine des laufenden Tages. *Welche Termine habe ich nächsten Mittwoch?* liefert alle Termine des gefragten Tages. Dabei muss man kein Datum angeben, Cortana findet anhand der Frage den gewünschten Tag.

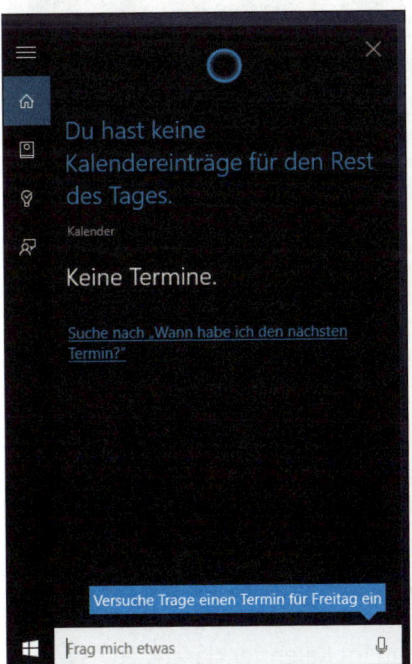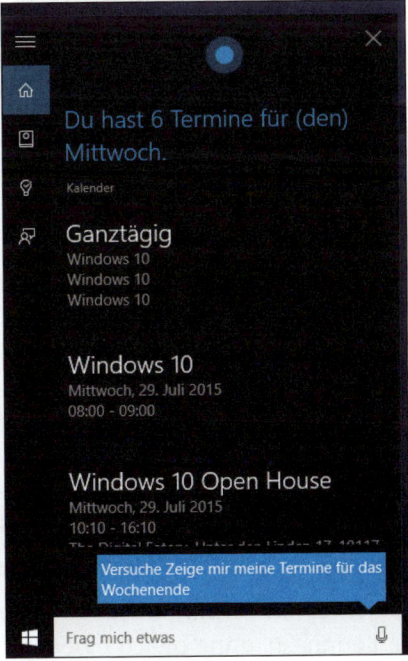

Cortana findet Termine im Kalender.

Umgekehrt kann Cortana auch Termine anlegen. *Trage einen Termin für nächsten Mittwoch ein* öffnet ein Formular und erstellt einen Termin. Dabei fragt Cortana noch nach einem Namen für den Termin sowie nach der Uhrzeit. Zum Schluss muss der Termin noch mit *Ja* bestätigt werden, bevor er endgültig in den Kalender eingetragen wird.

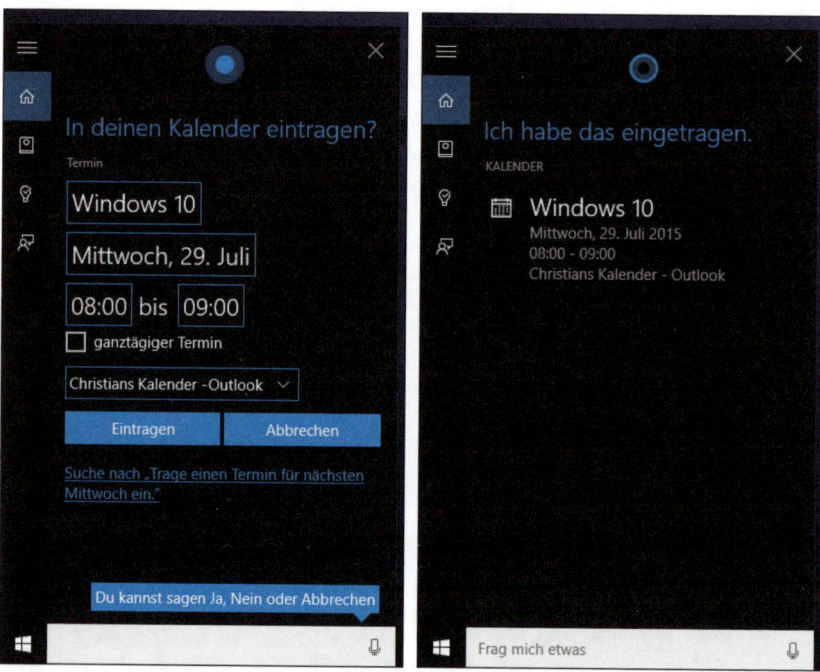

Cortana trägt einen Termin im Kalender ein.

Cortana als persönliche Assistentin

Um sich nur kurz an etwas erinnern zu lassen, braucht man nicht immer gleich einen Termin anzulegen. Cortana kann an kurzfristige Aktivitäten erinnern, ohne gleich einen Termin im Kalender daraus zu machen.

Erinnere mich in 10 Minuten an das Abendessen legt eine solche Erinnerung an. Zum gewählten Zeitpunkt erscheint eine Meldung auf dem Bildschirm und im Info-Center.

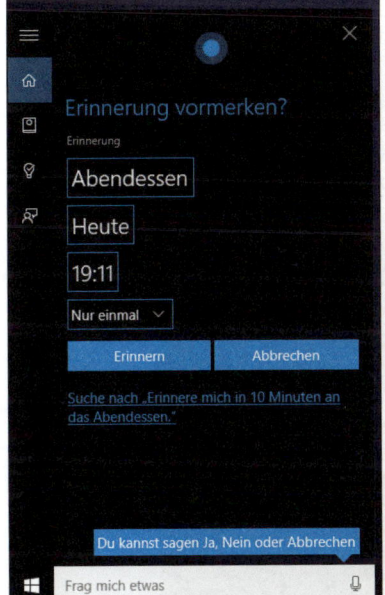

Cortana erinnert an kurzfristige Aktivitäten.

Statt zu einer bestimmten Zeit kann Cortana den Benutzer auch erinnern, wenn ein mobiles Gerät einen bestimmten Ort erreicht. Dazu werden die Erinnerungen zwischen allen eigenen Geräten über das Microsoft-Konto synchronisiert.

Cortanas Entwickler zeigten viel Fantasie und gaben ihr die Fähigkeit, auf einige – auch weniger sachliche – Fragen intelligent zu antworten.

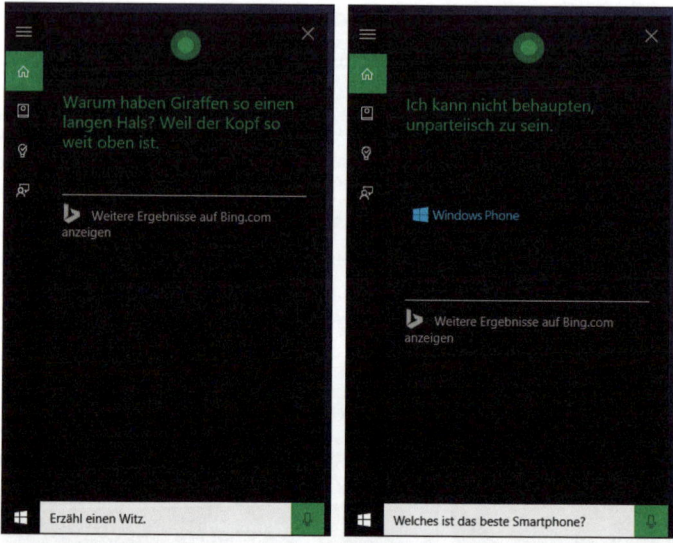

Neben der Standardfrage »Cortana, erzähl einen Witz« ...

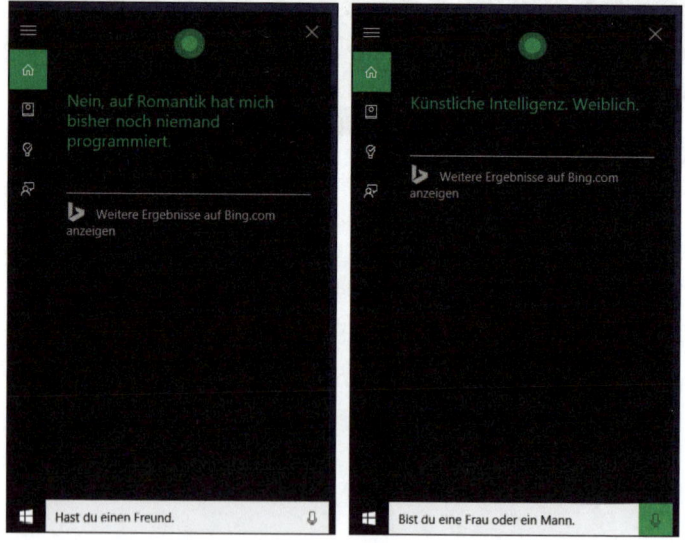

... weiß Cortana auch auf andere Fragen passende Antworten.

Cortana trainieren

Damit Cortana ihren Benutzer besser versteht, kann man sie in den *Einstellungen* darauf trainieren, die persönliche Stimme besser zu verstehen.

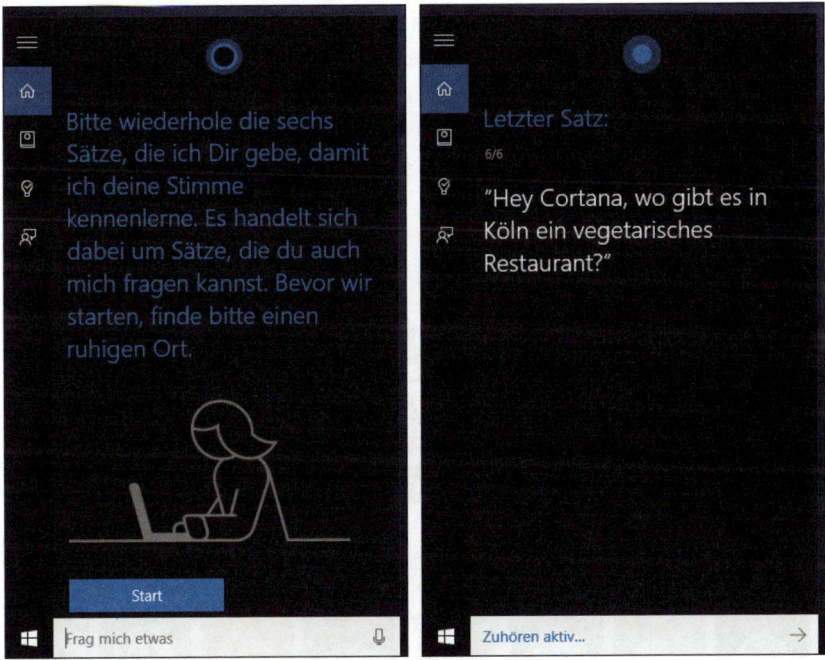

Cortana auf die eigene Stimme trainieren.

5. Apps finden, installieren und nutzen

Windows 8 beinhaltete erstmals einen eigenen Store, aus dem nach dem Vorbild der App-Stores auf Smartphones Apps heruntergeladen und installiert werden können. Dieser Windows Store wurde für Windows 10 komplett neu gestaltet, ist jetzt wesentlich übersichtlicher und enthält auch deutlich mehr Apps.

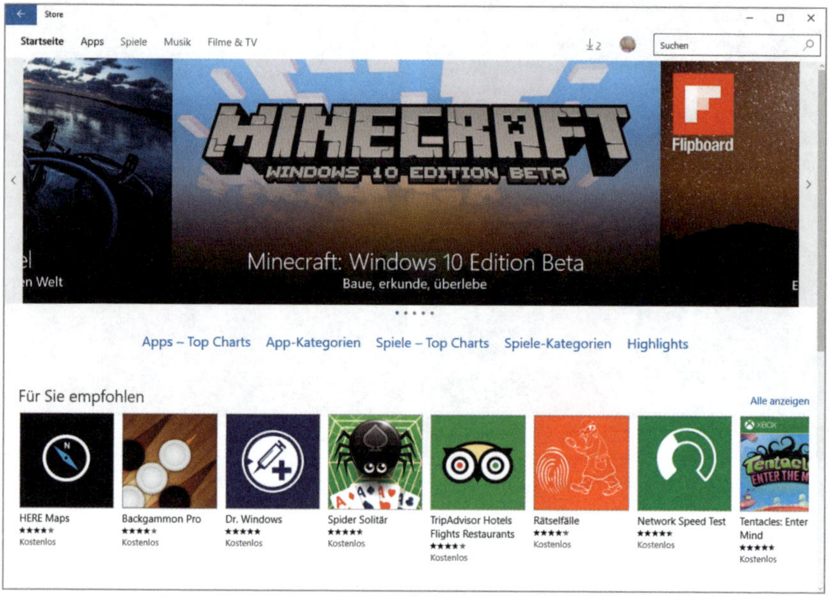

Die Startseite im Windows Store.

Der Windows Store stellt die einzige Möglichkeit dar, die neuen Apps zu installieren. Anwendungen für den klassischen Desktop werden weiter wie gewohnt installiert. Zur Nutzung des Windows Store ist die Anmeldung mit einem Microsoft-Konto erforderlich.

Die Apps im Windows Store sind nach Themen sortiert, im regelmäßigen Wechsel werden bestimmte Apps auf der Startseite vorgestellt. Die beliebtesten Apps sind in den Top-Listen leicht zu finden. Das Suchfeld oben rechts hilft, eine bestimmte App zu finden.

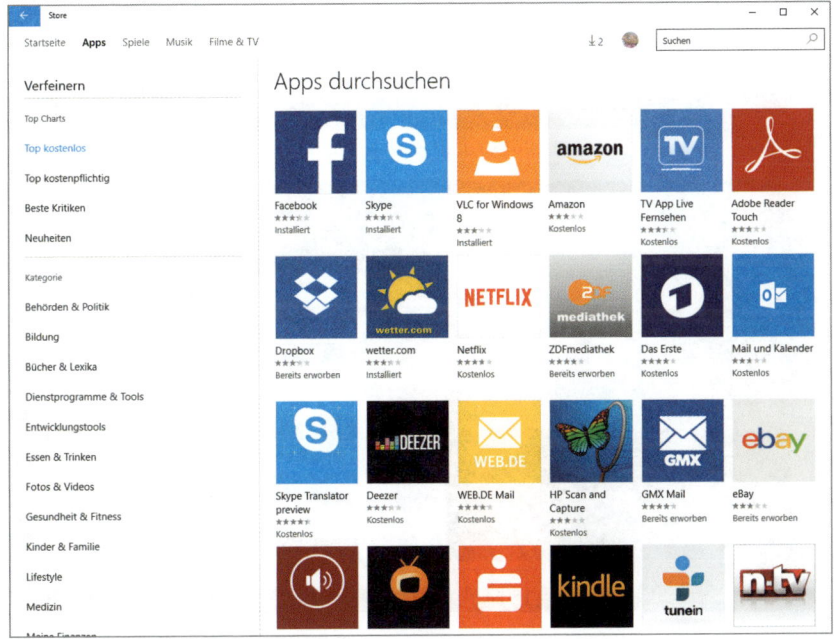

Die Apps der Rubrik »Top kostenlos« im Windows Store.

Um die weitere Installation brauchen Sie sich bei Windows-Store-Apps nicht mehr zu kümmern. Alles läuft automatisch, und nach Abschluss der Installation taucht die App im Startmenü auf.

Allerdings gibt es im Gegensatz zu klassischen Programmen keine Möglichkeit der benutzerdefinierten Installation oder der freien Wahl des Installationsverzeichnisses.

Apps als Fenster oder Vollbild

Ob moderne App oder klassische Desktop-Anwendung, der Unterschied zwischen beiden Programmtypen ist in Windows 10 nicht mehr so deutlich wie in Windows 8.1. Jedes Programm kann in einem frei verschiebbaren Fenster laufen, dessen Größe veränderbar ist.

Apps und klassische Programme in Fenstern.

Wie schon immer in Windows lassen sich Fenster maximieren, sodass das Programm den ganzen Bildschirm füllt.

Die typischen Fenstersymbole in der rechten oberen Ecke eines App-Fensters.

Einige moderne Apps zeigen oben rechts im Fenster ein Doppelpfeilsymbol, das sie in einem echten Vollbildmodus darstellt, der im Gegensatz zu maximierten Fenstern alle klassischen Bedienelemente verschwinden lässt.

Grundlegende Bedienung der neuen Apps

Die meisten Windows-Store-Apps haben keine klassische Menü-leiste mehr, wie man sie von früheren Windows-Programmen kannte. Damit sich die Apps gleichermaßen mit der Maus wie auch über den Touchscreen bedienen lassen, sind alle Schalt-flächen deutlich größer als in klassischen Programmen.

Viele Apps verwenden ein sogenanntes Hamburger-Menü, ein Symbol mit drei waagerechten Linien in der linken oberen Fensterecke, das beim Draufklicken eine Seitenleiste mit Bedienelementen am linken Fenster-rand einblendet. Der Name kommt vom Aussehen dieses Buttons, das den Schichten eines Hamburgers ähnelt.

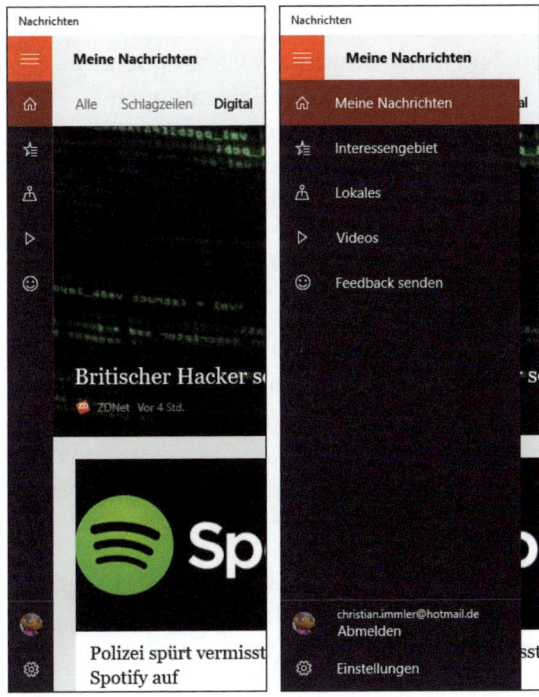

Das Hamburger-Menü in der Nachrichten-App.

Bei einigen Apps blendet der Hamburger-Button nur ein kleines Systemmenü ein, das unter anderem zu App-Einstellungen und der *Teilen*-Funktion führt, die in Windows 8.1 noch über die Charms-Leiste erreichbar waren.

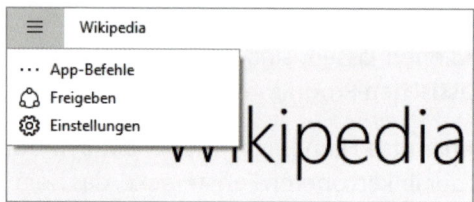

Das Menü in der Wikipedia-App.

Wo ist die Teilen-Funktion aus Windows 8.1 geblieben?

Der Begriff »Teilen«, ein neues Modewort, das neuerdings in jeder Software vorkommt, zu Zeiten von Windows XP aber noch völlig unbekannt war, bedeutet sowohl »versenden« als auch »veröffentlichen«. Teilen wird häufig im Zusammenhang mit dem Versand von Fotos auf unterschiedlichen Kommunikationswegen verwendet, beispielsweise über E-Mails, Twitter, Blogs und Facebook.

Windows 8.1 verfügte über eine globale *Teilen*-Funktion, die über ein Symbol der Charms-Leiste in fast allen Apps genutzt werden konnte.

Einige Apps enthalten auch in Windows 10 noch ein *Teilen*-Symbol, manchmal auch als *Freigeben* bezeichnet, aber nicht mehr an einheitlicher Stelle, und es werden auch nicht mehr so viele Apps zum Teilen automatisch eingebunden. In einigen Apps ist diese Funktion nur noch über das Systemmenü beim Klick auf die linke obere Fensterecke zu finden.

Ein Klick auf das *Teilen*-Symbol blendet am rechten Bildschirmrand die aus Windows 8.1 bekannte Seitenleiste ein, in der alle Apps aufgelistet sind, die sich zum Teilen des gewählten Inhalts eignen.

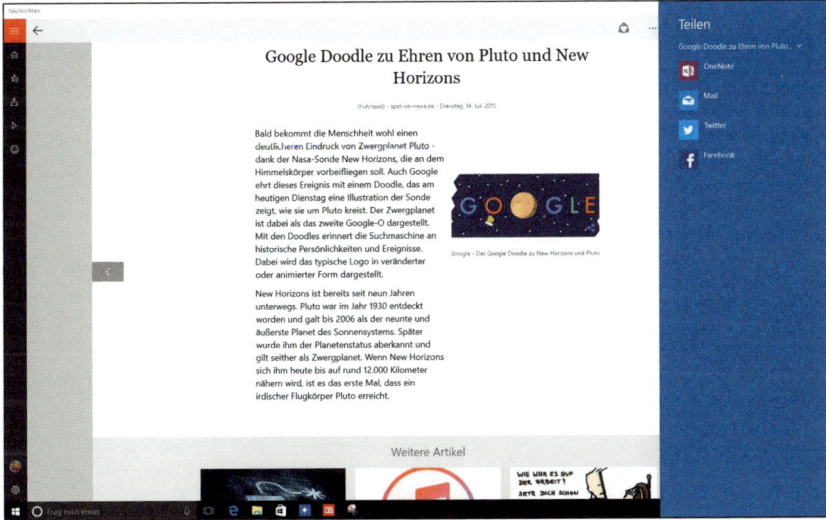

Nachricht aus der Nachrichten-App teilen.

Wählen Sie die gewünschte App, diese öffnet sich in der rechten Bildschirmhälfte direkt mit dem zu teilenden Inhalt. Auf diese Weise können Sie zum Beispiel ein Bild aus einer App per E-Mail verschicken oder auf Facebook posten.

Je nach App werden unterschiedliche Inhalte geteilt. Auf dem PC gespeicherte Fotos und andere Dateien werden beim Teilen direkt als Anhang an die E-Mail versendet. Bei Onlineinhalten wird meistens ein Link verschickt. Auch die Nachrichten-App und einige andere verschicken Links, damit die Inhalte auch von Personen zu nutzen sind, die nicht Windows 10 verwenden.

Noch einfacher teilen

Noch einfacher teilen Sie mit der Tastenkombination ⊞+Ⓗ aktuell angezeigte Inhalte, wie z. B. Fotos aus einer App heraus.

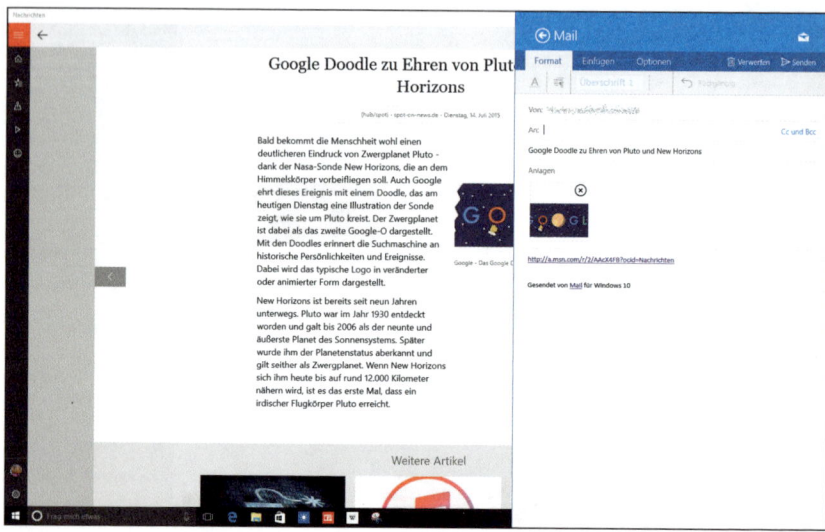

Link zu einer Nachricht aus der Nachrichten-App per E-Mail versenden.

Klassische Desktop-Anwendungen haben üblicherweise ihre eigenen Funktionen zum Teilen von Inhalten und unterstützen die Seitenleiste zum Teilen nicht.

Nicht mehr benötigte Apps deinstallieren

Irgendwann ist die Festplatte voll oder Sie wollen nur einmal wieder Übersicht in der Apps-Liste haben. Wie auch immer, es wird der Zeitpunkt kommen, an dem Sie bestimmte Apps wieder entfernen möchten.

Das Deinstallieren von Apps ist in Windows 10 deutlich einfacher geworden, man braucht nicht mehr den Umweg über die Systemsteuerung zu gehen. Klicken Sie einfach mit der rechten Maustaste auf einen Eintrag im Startmenü und wählen Sie im Kontextmenü *Deinstallieren*.

App über das Startmenü deinstallieren.

Windows-Store-Apps werden auf diesem Weg direkt deinstalliert, bei klassischen Desktop-Programmen wird weiterhin die Systemsteuerung aufgerufen, um das jeweilige Programm vom PC zu entfernen.

Wie viel Platz verbraucht eine App?

Früher war es nicht immer leicht, die wirklichen Speicherplatzfresser zu finden. Wenn die Festplatte voll ist – welche Apps sollte man als Erstes deinstallieren, um Platz zu gewinnen?

Windows 10 zeigt in den *Einstellungen* im Bereich *System* unter *Apps & Features* den Speicherbedarf aller installierten Apps an. Dies gilt im Gegensatz zu Windows 8.1 nicht mehr nur für die modernen Windows-Store-Apps, sondern auch für klassische Anwendungen.

Besonders Spiele und Multimedia-Apps verbrauchen extrem viel Speicherplatz.

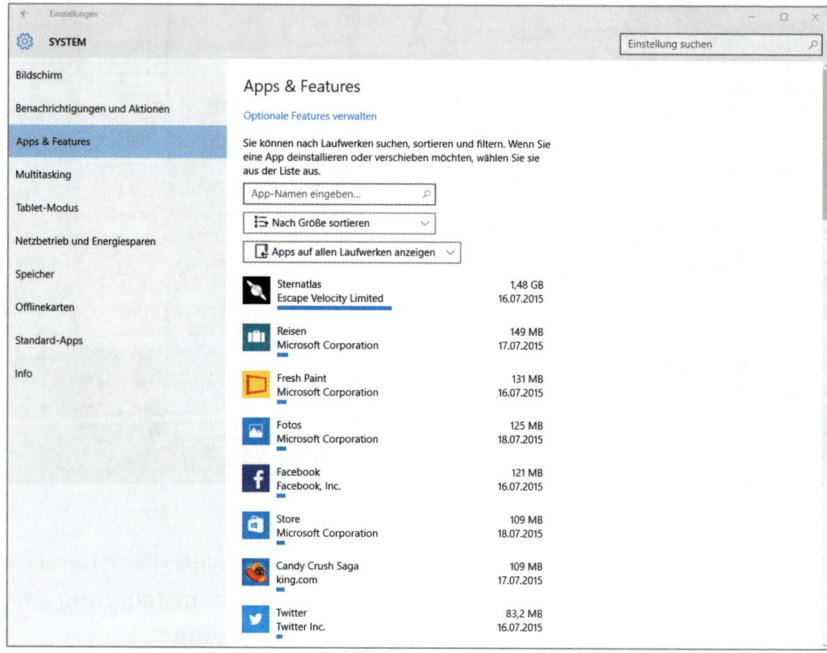

Die Liste der installierten Apps.

Die Liste lässt sich nach verschiedenen Kriterien sortieren. Nach der Größe sortiert, findet man schnell heraus, wie sich am meisten Speicherplatz gewinnen lässt.

Durch einfaches Anklicken lassen sich nicht mehr benötigte Apps direkt aus dieser Liste heraus deinstallieren.

6. Der neue klassische Desktop

Gegenüber Windows 8.1 nimmt in Windows 10 der Desktop wieder eine zentrale Rolle ein. Wie schon in früheren Windows-Versionen können Sie Programmsymbole, Dateien und Ordner zum Schnellstart auf dem Desktop ablegen und auch ein persönliches Hintergrundbild wählen.

Um ein Programmsymbol als Verknüpfung auf den Desktop zu legen, ziehen Sie es einfach aus dem Startmenü heraus. Auf den ersten Blick sieht es aus, als ob das Programm aus dem Startmenü verschwinden würde, es bleibt aber dort erhalten. Auf dem Desktop erscheint wie in früheren Windows-Versionen eine Verknüpfung.

Desktop-Verknüpfung erstellen.

Das funktioniert mit jedem Programm, sowohl mit Windows-Store-Apps als auch mit klassischen Anwendungen.

Fenster auf dem Desktop anordnen

Um auf großen Bildschirmen zwei Fenster nebeneinander zu nutzen – egal ob moderne Apps oder klassische Programme –, ziehen Sie ein Fenster ganz nach links oder rechts. Es wird dann automatisch am jeweiligen Bildschirmrand ausgerichtet und belegt die volle Höhe und halbe Breite des Bildschirms. Noch schneller richten Sie ein Fenster mit den Tastenkombinationen ⊞+← und ⊞+→ am Bildschirmrand aus.

Windows zeigt in der anderen Bildschirmhälfte eine Vorschau aller geöffneten Fenster an, in der Sie eines auswählen können, um dieses ebenfalls auf halber Bildschirmgröße anzuzeigen.

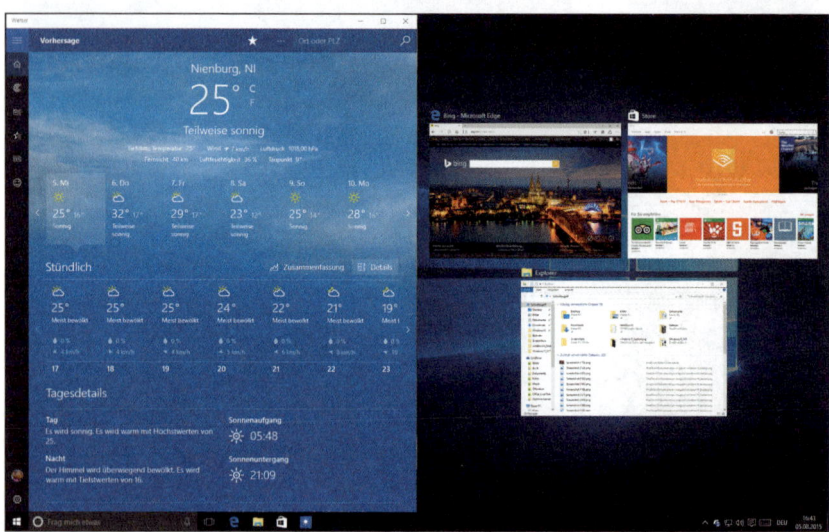

Fenster in einer Bildschirmhälfte ausrichten.

Durch Ziehen in die Bildschirmecken können Sie auch vier Fenster automatisch in vier Bildschirmquadraten ausrichten.

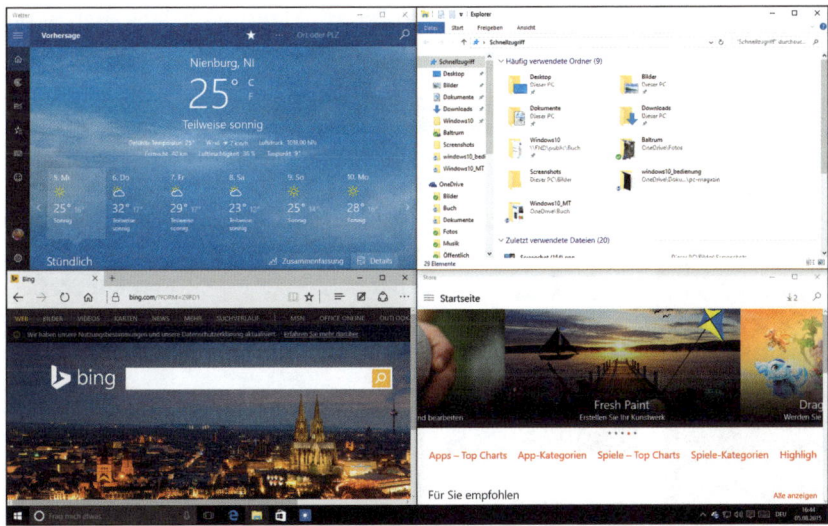

Vier Fenster auf dem Bildschirm ausrichten.

Wenn mehrere Fenster frei auf dem Bildschirm geöffnet sind, können Sie diese auch automatisch nebeneinander ausrichten. Klicken Sie dazu mit der rechten Maustaste auf die Taskleiste und wählen Sie im Kontextmenü *Fenster nebeneinander anzeigen*.

Mehrere Desktops nutzen

Wer mit vielen offenen Fenstern auf dem Desktop arbeitet, verliert schnell die Übersicht. Windows 10 bietet die Möglichkeit, mehrere Desktops anzulegen, die jeweils nur einen Teil der geöffneten Fenster enthalten. Je nachdem, was man gerade am PC tut, schaltet man auf den entsprechenden Desktop um, anstatt immer das passende Programmfenster suchen zu müssen.

Ein neues Taskleistensymbol zeigt einen Übersichtsbildschirm aller geöffneten Fenster. Hier legen Sie mit dem Plussymbol ganz rechts neue Desktops an und verschieben die Fenster einzeln auf den gewünschten Desktop. Auf jedem Desktop können später auch neue Programme geöffnet werden.

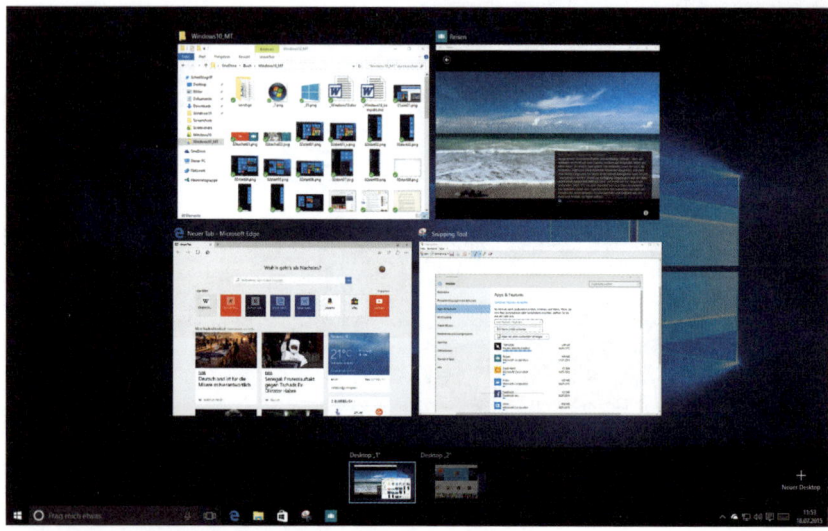

Zwischen verschiedenen Desktops umschalten.

Mit den Tastenkombinationen ⊞+Strg+← und ⊞+Strg+→ wechseln Sie zwischen den Desktops. Beim Schließen eines Desktops werden noch offene Fenster nicht einfach beendet, sondern auf einen vorhandenen Desktop verschoben.

Der neue Windows–Explorer

Der Windows-Explorer, auch in Windows 10 als Dateimanager ins Betriebssystem integriert, bietet für Windows-8.1-Anwender nur wenige Neuerungen. Wie in früheren Windows-Versionen wird der Explorer über ein Symbol in der Taskleiste oder über die Tastenkombination ⊞+E gestartet. Außerdem gibt es einen Menüpunkt ganz unten im Startmenü. Wer von Windows 7 umsteigt, wird sich in Sachen Bedienung deutlich umstellen müssen. Die klassischen Symbolleisten und Menüs sind verschwunden, der Explorer zeigt sich jetzt mit Menübändern im Stil von Office 2013.

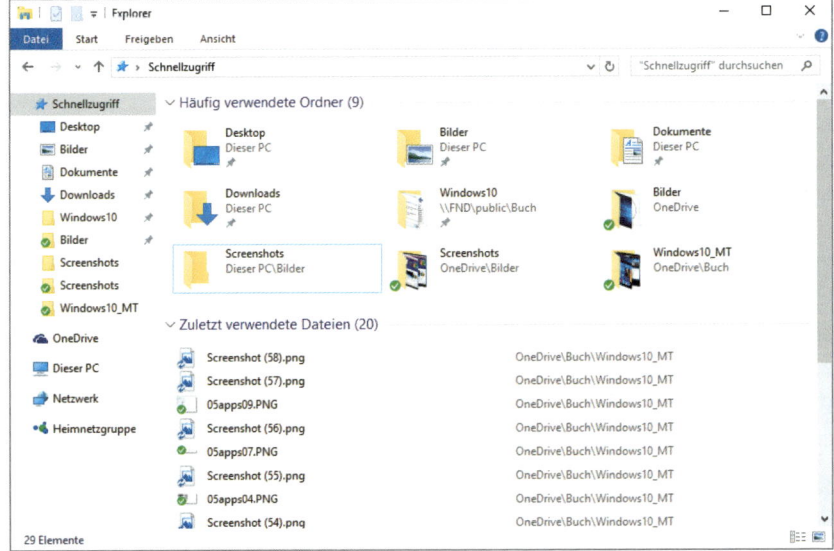

Die Startansicht des Explorers.

Da diese Menübänder in Windows 8.1 auf kleinen Bildschirmen einen großen Teil des Fensters belegten und den Explorer schwer nutzbar machten, sind sie in Windows 10 standardmäßig minimiert und werden erst mit einem Klick auf einen Fenstertitel eingeblendet.

Möchten Sie die Menübänder trotzdem immer sehen, klicken Sie auf den kleinen Pfeil rechts neben den Symbolen in der Fenstertitelleiste und deaktivieren dort den Schalter *Menüband minimieren*.

In diesem Kontextmenü können Sie sich auch noch weitere Symbole für wichtige Aktionen im Explorer im Schnellzugriffbereich der Fenstertitelleiste anzeigen lassen.

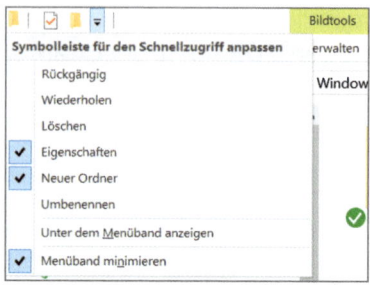

Das Kontextmenü in der Symbolleiste im Fenstertitelbalken.

In der neuen Oberfläche wurden neben vielem Altbekannten auch ein paar interessante neue Funktionen eingebaut. Nutzer von Windows 8.1 kennen bereits die Buttons *Verschieben nach* und *Kopieren nach*, mit denen Dateien einfach an einen beliebigen Ort innerhalb der Verzeichnisstruktur kopiert werden können. Da man oft immer wieder die gleichen Verzeichnisse braucht, ist der Explorer an dieser Stelle lernfähig und schlägt diese beim nächsten Mal wieder vor.

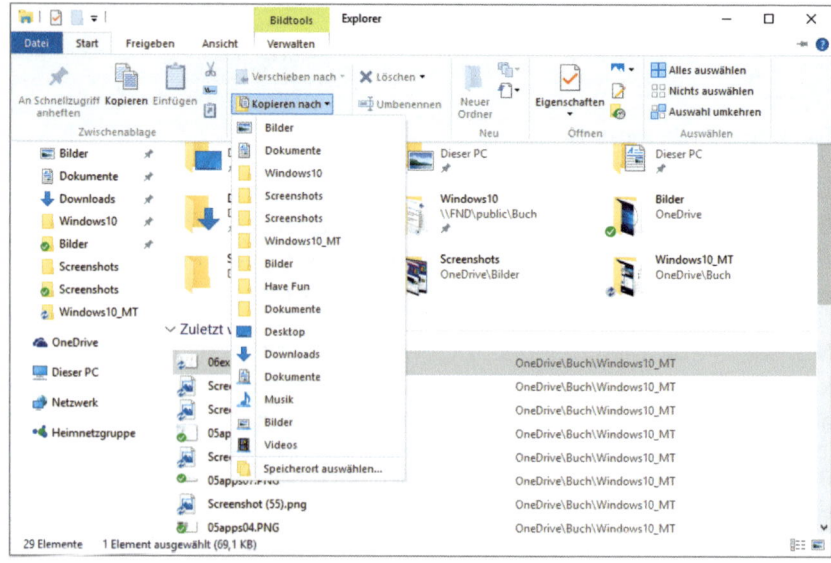

Dateien auf einfache Weise in ein anderes Verzeichnis kopieren.

Die ehemaligen Favoriten im Explorer von Windows 7 und 8.1 wurden in Windows 10 durch einen Schnellzugriffbereich ersetzt, der auch beim Start des Explorers angezeigt wird. Dieser kombiniert automatisch Favoriten mit der Liste häufig verwendeter Ordner. Mit einem Rechtsklick auf einen beliebigen Ordner können Sie diesen jederzeit an den Schnellzugriff anheften. Umgekehrt lassen sich Ordner über das Kontextmenü aus dem Schnellzugriffbereich wieder lösen.

Laufwerkübersicht statt Schnellzugriff

Die frühere Startansicht des Explorers mit einer Übersicht aller Laufwerke ist jetzt über den Link *Dieser PC* im Navigationsbereich zu finden.

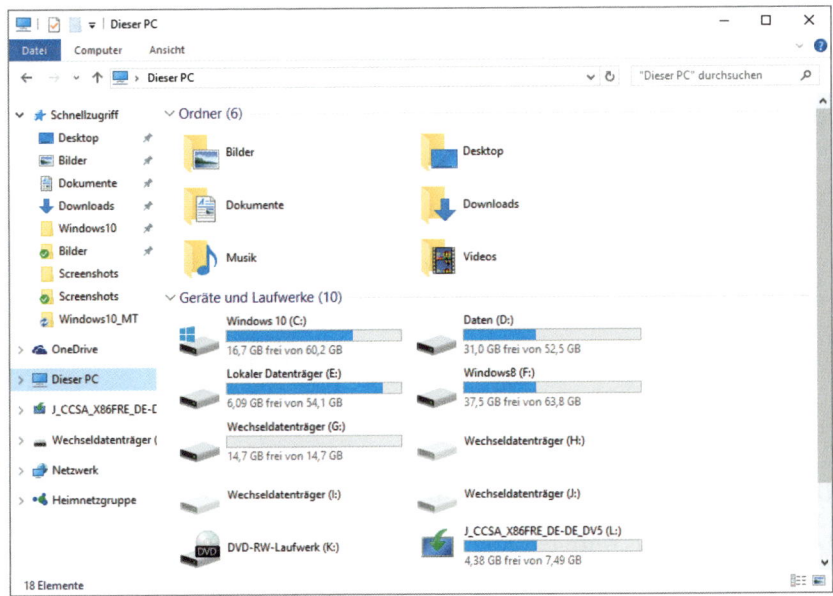

Der Explorer in der Ansicht »Dieser PC«.

Möchten Sie beim Start des Explorers immer die Ansicht *Dieser PC* sehen, klicken Sie oben links auf das Menü *Datei* und wählen dort *Ordner- und*

Suchoptionen. Im nächsten Dialogfeld können Sie ganz oben zwischen *Schnellzugriff* und *Dieser PC* wählen.

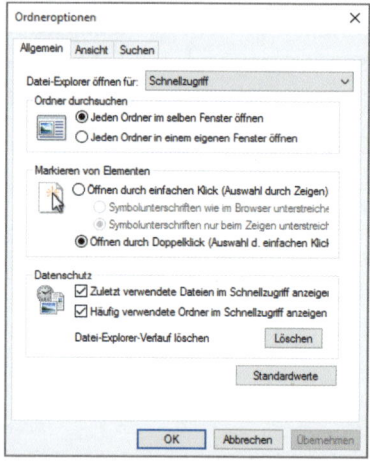

Ordneroptionen im Explorer einstellen.

Bibliotheken in Windows 10

Die aus Windows 7 und 8 bekannten Bibliotheken werden in Windows 10 standardmäßig nicht mehr angezeigt, können aber noch verwendet werden. Um die Bibliotheken aufzurufen, müssen sie im Menüband unter *Ansicht* unter dem Symbol *Navigationsbereich* eingeschaltet werden.

Dateien aus dem Explorer freigeben

Um eine Datei aus dem Explorer per E-Mail oder auf anderen Wegen zu teilen, markieren Sie die Datei und klicken im Menüband unter *Freigeben* auf das Symbol *Freigabe*. Daraufhin öffnet sich eine Leiste am rechten Bildschirmrand mit allen Apps, die Dateien dieses Typs teilen können. Wählen Sie die gewünschte App aus, diese öffnet sich automatisch mit der markierten Datei.

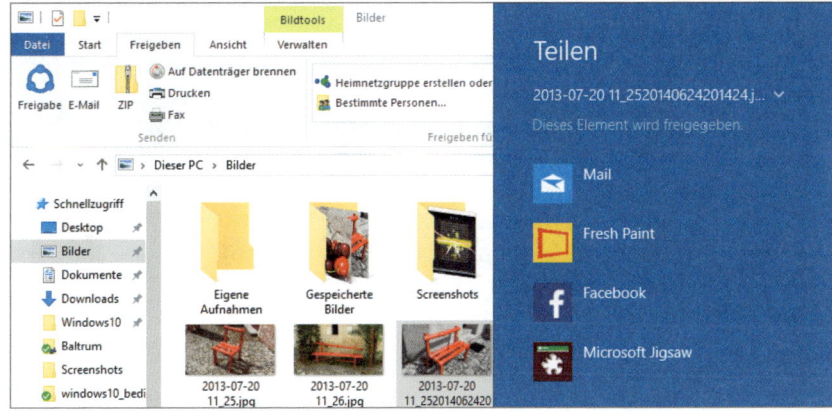

Dateien aus dem Explorer teilen.

OneDrive in Windows 10

OneDrive, der Nachfolger von Microsofts Cloud-Speicherdienst SkyDrive, ist in Windows 10 fest integriert, obwohl die neue App, die auf der modernen Oberfläche von Windows 8.1 gleichzeitig die Funktionen eines lokalen Dateimanagers übernommen hatte, schon wieder verschwunden ist.

OneDrive legt einen lokalen Ordner auf der Festplatte an, dessen Inhalte und Unterordner mit dem Cloud-Speicher automatisch synchronisiert werden, sodass die Daten auch ohne permanente Internetverbindung zur Verfügung stehen.

Bei der ersten Einrichtung wird festgelegt, welche vorhandenen One-Drive-Ordner auf den PC übertragen werden sollen. Natürlich lässt sich diese Auswahl später noch jederzeit ändern. Klicken Sie dazu mit der rechten Maustaste auf eine beliebige Datei in einem OneDrive-Ordner und wählen Sie im Kontextmenü *Zu synchronisierende OneDrive-Ordner wählen*. Entfernt man einen Ordner aus der Auswahl, wird er von der lokalen Festplatte gelöscht und nicht mehr synchronisiert.

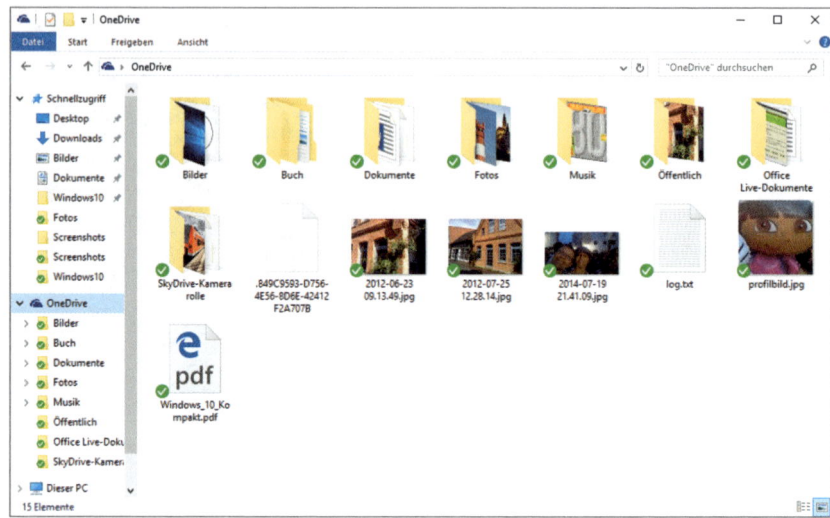

Der OneDrive-Ordner im Explorer.

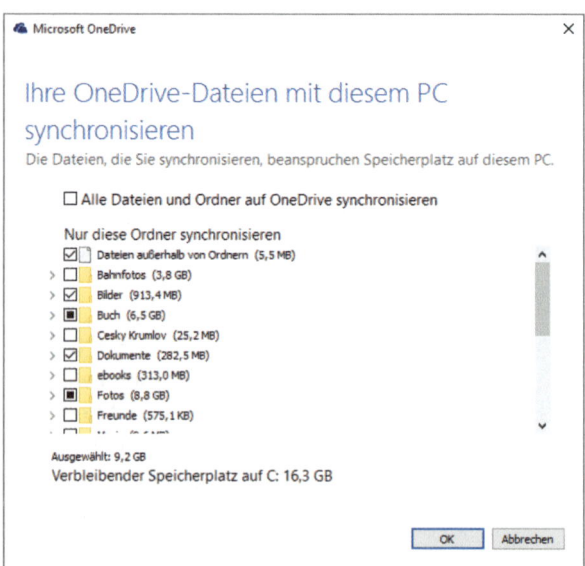

Ordner aus OneDrive zur Synchronisation auswählen.

Die Daten in der Cloud bleiben erhalten und können mit anderen Geräten, die mit dem gleichen Microsoft-Konto angemeldet sind, weiterhin synchronisiert werden.

OneDrive wird im Navigationsbereich des Explorers prägnant angezeigt, man braucht sich nicht zur tatsächlichen Position des Ordners in der Verzeichnisstruktur durchzuhangeln. Bei allen Dateien und Unterordnern wird der aktuelle Synchronisationsstatus mit farbigen Symbolen angezeigt.

- Dateien, die mit dem Cloud-Speicher synchron sind, sind mit einem grünen Häkchen gekennzeichnet
- Dateien, die seit der letzten Synchronisierung verändert wurden und daher mit dem Cloud-Speicher nicht synchron sind, haben ein graues Doppelpfeilsymbol.

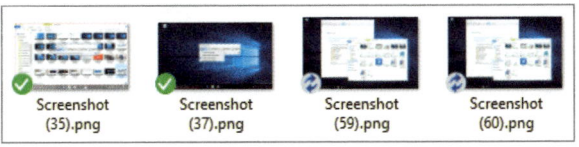

OneDrive-Synchronisationssymbole an Dateien im Explorer.

Um Dateien auf OneDrive abzulegen, kopieren Sie diese einfach auf dem PC in den OneDrive-Ordner oder einen Unterordner. Sie werden dann automatisch auf OneDrive übertragen.

Daten per OneDrive teilen

Alle Daten auf OneDrive sind erst einmal nur für Sie selbst sichtbar, Sie können einzelne Dateien aber einfach mit Freunden teilen. Klicken Sie dazu mit der rechten Maustaste auf die gewünschte Datei in einem OneDrive-Ordner im Explorer und wählen Sie im Kontextmenü *Einen OneDrive-Link freigeben*.

Der Freigabelink wird automatisch in die Zwischenablage kopiert und kann anschließend in jeder App, zum Beispiel in einer E-Mail, eingefügt werden.

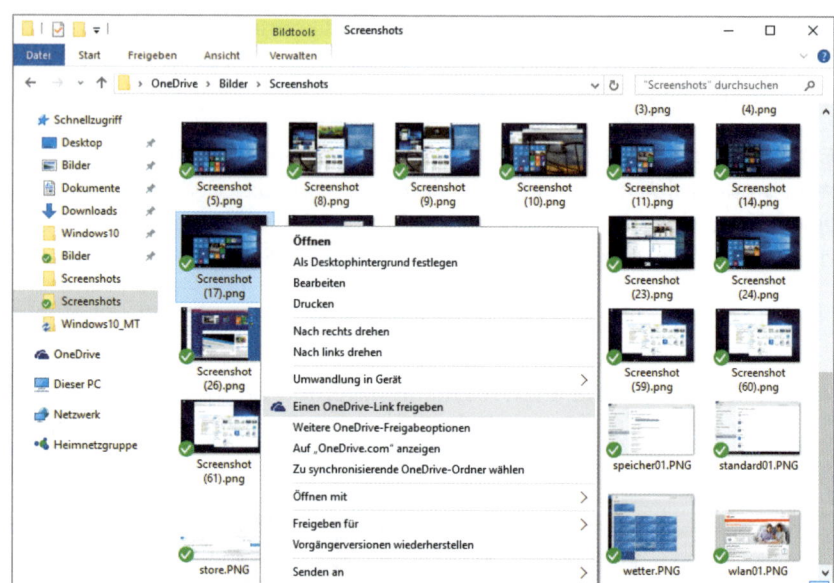

OneDrive-Link aus dem Explorer freigeben.

Der Empfänger kann solche Freigabelinks direkt im Browser öffnen und die Datei herunterladen, auch ohne selbst OneDrive oder Windows 10 benutzen zu müssen. Auf diese Weise lassen sich große Dateien deutlich komfortabler versenden als per E-Mail-Anhang.

Das Info-Center

Windows 10 fasst alle Benachrichtigungen durch Apps, Termine, neue E-Mails oder Systemereignisse ähnlich wie bei Windows Phones übersichtlich zusammen. Auf Tablets öffnet eine Wischbewegung vom rechten Bildschirmrand das neue Info-Center, auf PCs ein Klick auf das Nachrichtensymbol unten rechts.

Ein Klick auf eine Nachricht öffnet wie auf einem Smartphone die entsprechende App wie *Mail*, *Kalender* oder andere.

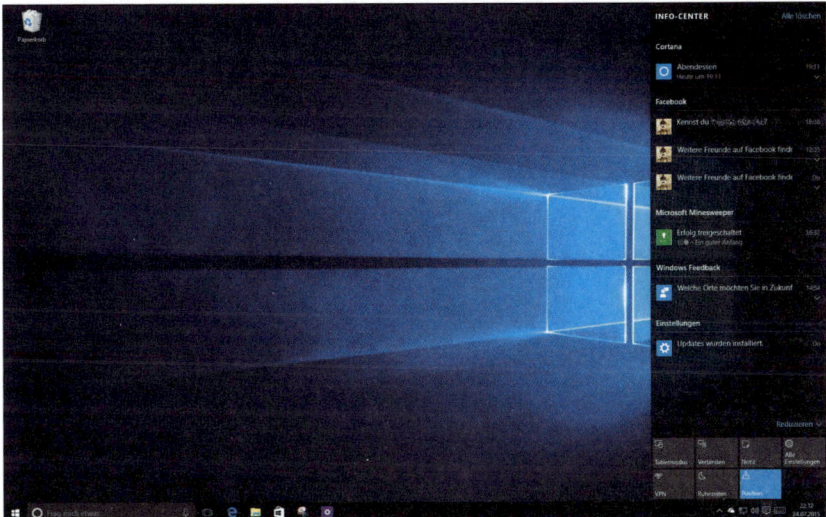

Das Info-Center in Windows 10.

Der untere Teil des Info-Centers zeigt je nach Ausstattung des Gerätes diverse Symbole zum Schnellzugriff auf wichtige Systemeinstellungen:

- *Tabletmodus* – schaltet in einen speziellen für Touchscreens optimierten Modus für Tablets um, in dem die meisten Apps, ähnlich wie unter Windows 8.1, im Vollbildmodus laufen.

- *Verbinden* – verbindet den Computer über eine Drahtlosverbindung mit einem externen Monitor oder Beamer.

- *Notiz* – öffnet OneNote, um eine neue Notiz anzulegen.

- *Alle Einstellungen* – öffnet die Einstellungen-App.

- *VPN* – öffnet den Einrichtungsdialog für eine VPN-Verbindung. Ist diese eingerichtet, kann sie über dieses Symbol verbunden werden.

- *Ruhezeiten* – schaltet zu bestimmten Tageszeiten alle akustischen Benachrichtigungen aus.

- *Ort* – legt fest, ob Apps den aktuellen Standort nutzen und auswerten können.

- *Bluetooth* – schaltet Bluetooth ein und aus (nur wenn verfügbar).
- *WLAN* – schaltet WLAN ein und aus (nur wenn verfügbar).
- *Helligkeit* – regelt die Helligkeit stufenweise (nur auf Geräten mit Akku).
- *Rotation* – schaltet die automatische Bildschirmdrehung ein und aus (nur auf Tablets).
- *Energie sparen* – schaltet den Energiesparmodus ein und aus (nur auf Geräten mit Akkubetrieb).
- *Flugzeugmodus* – schaltet das Gerät in den Flugzeugmodus, alle Funkverbindungen aus (nur auf Tablets).

Neue Funktionen der Taskleiste

Die Taskleiste am unteren Bildschirmrand ist seit Windows 95 bekannt und bietet weitgehend die gleichen Funktionen auch noch in Windows 10. Neu ist vor allem das integrierte Suchfeld für Cortana.

Offene Fenster sind immer als Symbol in der Taskleiste zu sehen, Programmsymbole lassen sich aber zum schnellen Zugriff direkt dort anheften. Klicken Sie dazu mit der rechten Maustaste auf einen Eintrag im Startmenü und wählen Sie im Kontextmenü *An Taskleiste anheften*.

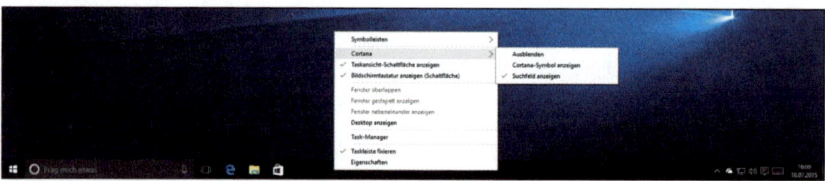

Das Kontextmenü der neuen Taskleiste.

Ein Rechtsklick auf die Taskleiste blendet ein Kontextmenü ein, über das jetzt zusätzlich die neuen Elemente Cortana-Suchfeld, Taskansicht-Schaltfläche zur Umschaltung zwischen mehreren Desktops sowie das Symbol für die Bildschirmtastatur ein- oder ausgeschaltet werden können.

7. Besonderheiten für Tablets

Windows 10 läuft gleichermaßen auf klassischen PCs, Notebooks, All-in-one-Geräten mit Touchscreen und Tastatur wie auch auf Tablets, die ausschließlich eine Bildschirmtastatur verwenden.

Dabei wird bei Tablets anhand der Bildschirmgröße zwischen zwei verschiedenen Windows-10-Varianten unterschieden:

- Tablets mit Bildschirmgrößen von 8 Zoll und größer verwenden die »normale« Windows-10-Variante.

- Tablets mit Bildschirmgrößen kleiner als 8 Zoll verwenden die Variante Windows 10 Mobile, die auch auf Windows Phones läuft. Eine Ausnahme bilden die Tablets, die bereits mit Windows 8.1 ausgeliefert wurden, wie zum Beispiel das HP Stream 7. Diese erhalten bei der Aktualisierung Windows 10 Home und nicht Windows 10 Mobile.

Der Tabletmodus – nicht nur für Tablets

Wer die Leichtigkeit in der Bedienung von Windows 8.1 schätzen gelernt hat, für den mag Windows 10 in mancherlei Hinsicht als Rückschritt wirken. Der Tabletmodus, der auch auf klassischen PCs funktioniert, bringt einen Teil der Windows-8.1-Nutzererfahrung in Windows 10 zurück.

Tabletmodus im Info-Center einschalten.

Der Tabletmodus wird über ein Symbol im Info-Center eingeschaltet. In diesem Modus gibt es keine verschiebbaren Fenster, jede App wird im Vollbildmodus gestartet.

Das Startmenü öffnet sich ähnlich wie unter Windows 8.1 als ganze Seite mit Kacheln für beliebte Apps. Ein Hamburger-Button links oben blendet erst die Liste aller Apps ein.

Standardmäßig fehlen in diesem Modus die App-Symbole in der Taskleiste. Hier gibt es nur Symbole für Zurück, Cortana und ein Desktop-Symbol, das Vorschaubilder aller laufenden Apps zeigt.

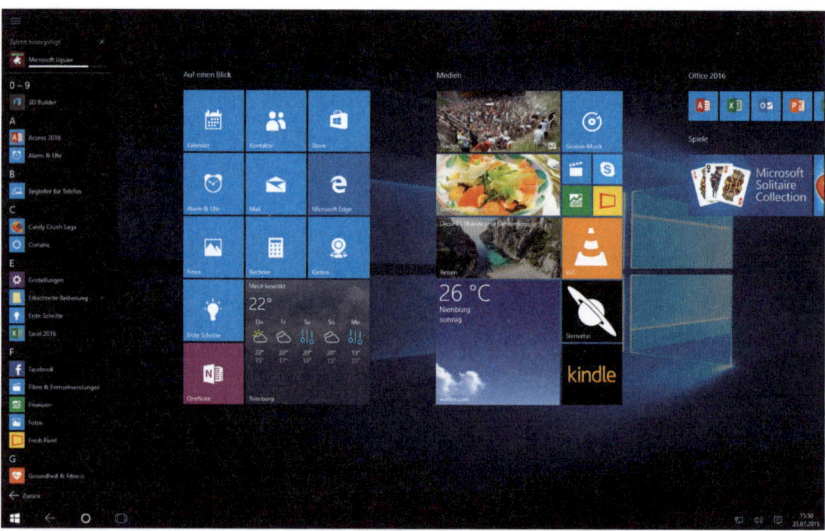

Startmenü im Tabletmodus mit eingeblendeter Apps-Liste.

In den *Einstellungen* unter *System/Tablet-Modus* können die App-Symbole aber auch in diesem Modus eingeschaltet werden.

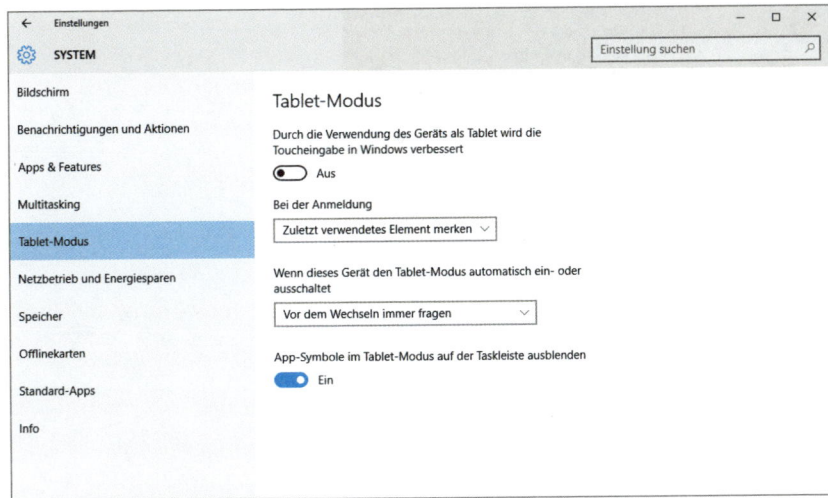

Die Einstellungen für den Tabletmodus.

Hoch- und Querformat dank Lagesensor

Windows-Tablets verfügen über einen Lagesensor, der erkennt, ob das Gerät senkrecht oder waagerecht gehalten wird. Danach wird der Bildschirminhalt automatisch entsprechend gedreht. Bildschirmelemente werden bei Bedarf skaliert oder auf dem Startbildschirm und in einigen Apps auch anders angeordnet. Manche Apps, vor allem Spiele, unterstützen diese Funktion allerdings nicht und können nur im Querformat oder Hochformat genutzt werden.

Wenn Sie das automatische Drehen des Bildschirms beim Halten des Tablets – beispielsweise beim Lesen im Bett – stört, schalten Sie die automatische Drehung aus. Aktivieren Sie dazu in der Symbolleiste im unteren Bereich des Info-Centers die *Rotationssperre*.

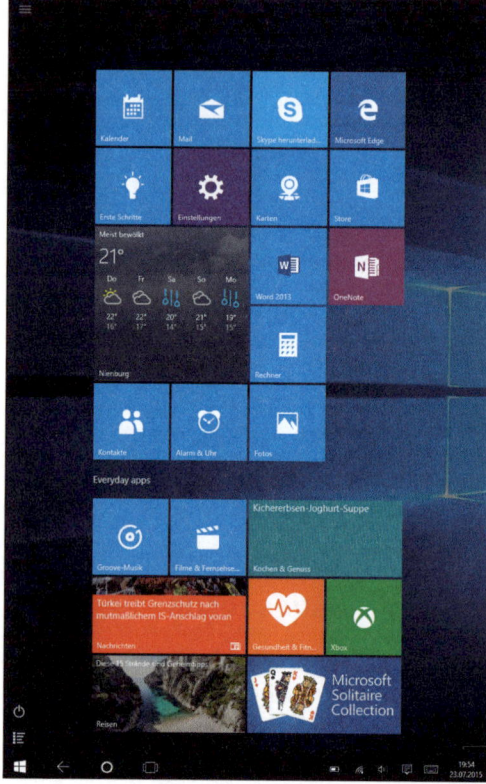

Bildschirm im Hochformat und Info-Center-Symbole auf einem Tablet.

Touchgesten erleichtern die Bedienung

Wichtige Grundfunktionen lassen sich auf Touchscreens viel einfacher durch Gesten aufrufen als durch Antippen oftmals sehr kleiner Bedienelemente. Windows 10 unterstützt auf Tablets ähnliche Touchgesten wie Windows 8.1.

- Eine Wischgeste vom linken Bildschirmrand in Richtung Bildmitte wechselt zwischen geöffneten Apps.

- Eine Wischgeste vom rechten Bildschirmrand in Richtung Bildmitte öffnet das Info-Center.

- Eine Wischgeste vom oberen Bildschirmrand in Richtung Bildmitte schließt die geöffnete App.

- Eine Wischgeste vom unteren Bildschirmrand in Richtung Bildmitte öffnet nur noch in wenigen Apps eine Symbolleiste mit weiteren Funktionen. Diese aus Windows 8.1 bekannte Geste wird nicht mehr systemweit unterstützt.

Die Bildschirmtastatur auf Tablets

Tablets haben üblicherweise keine wirkliche Tastatur. Beim Antippen eines Texteingabefeldes in einer App erscheint dafür automatisch eine Bildschirmtastatur, auf der Buchstaben, Ziffern und auch Sonderzeichen eingegeben werden können.

Die Standard-Bildschirmtastatur.

Sollte die Tastatur nicht automatisch erscheinen, tippen Sie auf das Tastatursymbol im Infobereich der Taskleiste. Wird hier kein Tastatursymbol angezeigt, tippen Sie länger auf die Taskleiste und schalten Sie im Kontextmenü die Option *Bildschirmtastatur anzeigen (Schaltfläche)* ein.

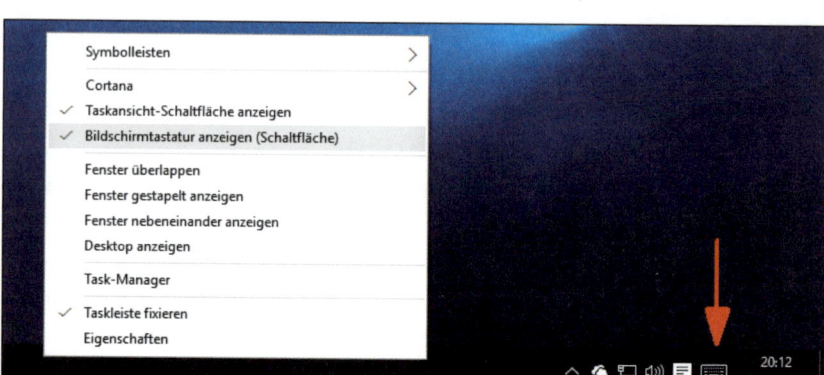

Symbol für Bildschirmtastatur einblenden.

Tippen Sie auf eine Stelle auf dem Bildschirm, wo keine Texteingabe möglich ist, verschwindet die Bildschirmtastatur automatisch wieder. Sollte sie nicht automatisch verschwinden, schließen Sie die Bildschirmtastatur mit dem X-Symbol oben rechts.

- Ein angetippter Buchstabe wird vor dem Loslassen deutlich hervorgehoben, um Tippfehler zu vermeiden.

- Zur Eingabe von Großbuchstaben tippen Sie zuerst auf die ⇧-Taste links bzw. rechts unten. Diese schaltet die Bildschirmtastatur für den nächsten Buchstaben auf Großbuchstaben um.

- Tippt man zweimal auf die ⇧-Taste, leuchtet diese weiß und die Großschreibung wird festgestellt, bis man sie mit einem weiteren Antippen wieder löst. Auf dem PC bezeichnet man die gleiche Funktion als *Feststelltaste* oder *Caps Lock*.

- Die Tasten der oberen Reihe zeigen ganz klein in der linken Ecke noch Ziffern. Zur Eingabe dieses Zeichens wie auch für Buchstaben mit Akzent halten Sie den Finger länger auf dem jeweiligen Buchstaben. Es erscheint ein Zusatzfeld mit einer Auswahl von Varianten dieses Buchstabens. Auf diese Weise finden Sie auch das ß auf der Taste Strg. Bei einer Auswahl von mehreren Zeichen wird das eingegeben, auf dem Sie den Finger vom Bildschirm loslassen.

- Die Taste ⟨Strg⟩ wird fast ausschließlich für Funktionen der Windows-Zwischenablage verwendet. Diese werden beim Antippen der ⟨Strg⟩-Taste auf den entsprechenden Tasten eingeblendet.

Wichtige Tastenkombinationen mit der ⟨Strg⟩-Taste.

- Mit den beiden Pfeiltasten unten rechts lässt sich der Cursor innerhalb eines Eingabefeldes zeichenweise bewegen. Dies ist oft deutlich einfacher, als zu versuchen, eine bestimmte Cursorposition auf dem Touchscreen zu treffen.

- Die Taste *&123* unten links schaltet auf ein Tastaturlayout zur Eingabe von Ziffern und mathematischen Sonderzeichen um. Dort wechseln die Pfeiltasten links zwischen zwei Sonderzeichentastaturen.

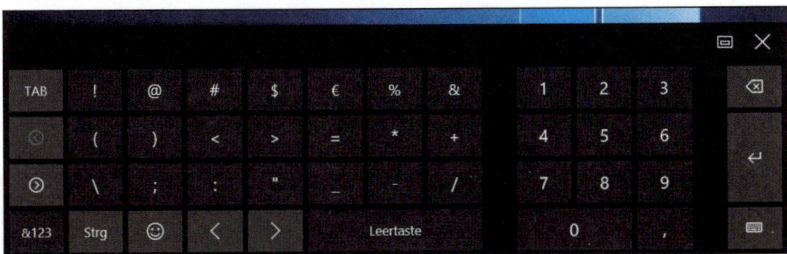

Die Bildschirmtastatur für Ziffern und Sonderzeichen.

- Die beliebtesten Smileys für E-Mails und Chat finden Sie über die Taste mit dem lächelnden Gesicht unten links. In der unteren Tastenreihe finden Sie weitere Grafiken zu unterschiedlichen Themen. Die *Leertaste* ist dafür nach rechts gewandert. Innerhalb jeder Smiley-Kategorie können Sie mit den Pfeiltasten links zu weiteren Seiten mit zusätzlichen Smileys blättern.

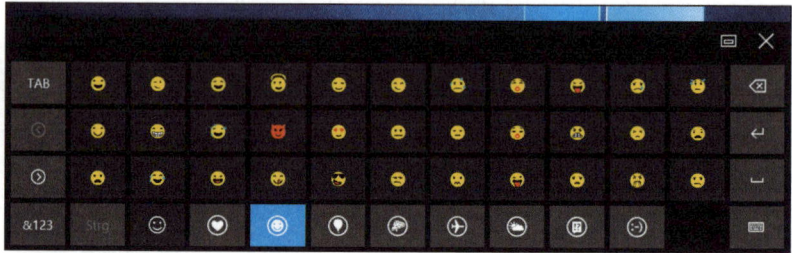

Die Bildschirmtastatur für Smileys.

- Jeder findet im Laufe der Zeit seine Lieblingssmileys und verwendet diese immer wieder. Hier erleichtert das Herzsymbol die Auswahl. Es zeigt immer die zuletzt verwendeten Smileys an.

- Das Symbol ganz rechts zeigt zeichenbasierte Smileys für alle Anwendungsfälle, bei denen keine Grafiken unterstützt werden.

Geteilte Tastatur für große Tablets

Auf großen Tablets oder mit kleinen Händen sind die mittleren Buchstaben auf der Bildschirmtastatur nur schwer zu erreichen. Tippen Sie auf die Taste ganz rechts unten und dann auf das zweite Symbol von links. Dieses teilt die Tastatur in der Mitte und zieht sie auseinander, um die Buchstaben mit beiden Händen am Tablet leichter zu erreichen.

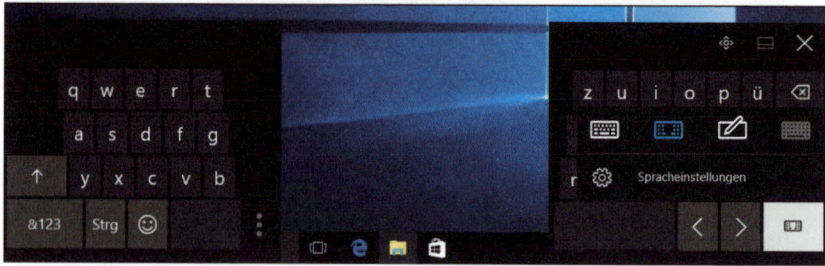

Bildschirmtastatur ergonomisch geteilt.

Texte handschriftlich eingeben

Tablets bieten sich geradezu dafür an, Texte handschriftlich auf den Touch-screen zu schreiben, statt sie mühsam über eine Tastatur einzutippen. Windows liefert eine Handschrifterkennung mit, die nach einer kurzen Eingewöhnungszeit auch ausgesprochen gut funktioniert.

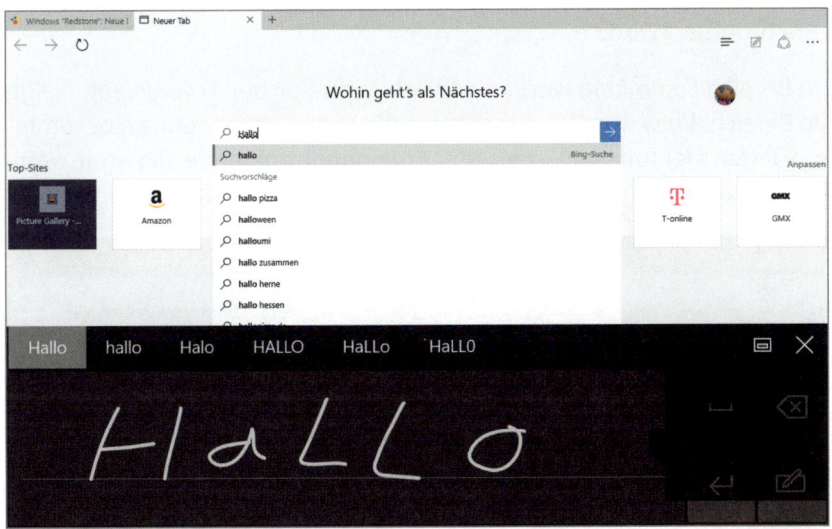

Die Handschrifterkennung auf einem Tablet.

Die Handschrifterkennung kann überall verwendet werden, wo die Bildschirmtastatur genutzt wird. Tippen Sie auf der Bildschirmtastatur unten rechts auf das Tastatursymbol und dann auf das Symbol mit dem Stift zur Handschrifterkennung. Anstelle der Bildschirmtastatur erscheint ein großes Eingabefeld, in dem Sie mit dem Finger möglichst große und deutliche Buchstaben schreiben können.

Im Gegensatz zu Windows 8.1 brauchen Sie Ihre Eingabe nicht erst erkennen zu lassen und dann einzufügen, sondern die ein-gegebenen Zeichen werden in Echtzeit erkannt, wobei auch automatisch Wortvorschläge gemacht werden.

8. Fotos und Medien

Die App *Fotos* zeigt alle Fotos, die auf dem PC gespeichert sind. Diese können vom PC übertragen, aus dem Internet heruntergeladen oder mit der Kamera fotografiert worden sein. Fotos aus eigenen OneDrive-Webalben werden ebenfalls angezeigt, auch wenn das Verzeichnis nicht mit dem PC synchronisiert wird.

Im Bereich *Sammlung* werden alle Fotos in zeitlicher Abfolge angezeigt. Im Bereich *Alben* werden automatisch Alben angelegt, wenn an bestimmten Tagen viel fotografiert wurde. Aufeinanderfolgende Tage mit wenigen Fotos werden zu einem Album zusammengefasst.

Fotoalbum in der Fotos-App.

Klicken Sie auf eines der Vorschaubilder, wird das Foto formatfüllend dargestellt. Mit den +/−-Schaltflächen rechts unten oder durch Spreizen zweier Finger auf dem Touchscreen lässt sich im Bild zoomen.

Ein Foto in der Vollbildansicht.

Die Symbolleiste oben rechts blendet weitere nützliche Funktionen ein.

- *Teilen* blendet eine Seitenleiste ein, um das angezeigte Bild mit Freunden zu teilen. Hier können Sie das Bild unter anderem per E-Mail versenden. Weitere installierte Apps können sich zusätzlich in die Liste eintragen.

- *Diashow* zeigt alle Bilder des gewählten Albums als automatisch ablaufende Diashow im Vollbildmodus. Die Bedienelemente der Fotos-App und des Windows-Desktops werden dabei ausgeblendet. Ein Klick ins Bild hält die Diashow wieder an.

- *Erweitern* schaltet eine automatische Bildoptimierung ein. Diese versucht, die Belichtung zu korrigieren, das Farbspektrum zu erweitern und auch einen schiefen Horizont waagerecht auszurichten. Diese Verbesserungen werden nicht im Foto gespeichert, sondern können jederzeit ein- und ausgeschaltet werden. Ist bei einem Foto keine automatische Verbesserung möglich, erscheint dieses Symbol nicht.

Foto aus der Fotos-App teilen.

Fotos immer automatisch verbessern

In den Einstellungen unten links auf dem Hauptbildschirm der Fotos-App können Sie festlegen, ob diese automatische Verbesserung standardmäßig eingeschaltet ist oder nicht.

- *Bearbeiten* öffnet das Bild zum Bearbeiten mit den integrierten Fotoverbesserungsfunktionen der Fotos-App.

- *Drehen* – jeder Klick dreht das Bild um weitere 90°. Damit lassen sich Bilder in die richtige Richtung drehen, wenn der Lagesensor der Kamera falsche Daten gespeichert hat. Besonders bei gescannten Fotos oder Dias tritt dieses Problem häufig auf.

- *Löschen* entfernt das angezeigte Bild in den Papierkorb.

- *Öffnen mit* zeigt eine Liste aller installierten Apps zum Bearbeiten oder Anzeigen von Bildern. Das angezeigte Bild wird mit der gewählten App geöffnet.

- *Kopieren* kopiert das Bild in die Zwischenablage, um es über den Explorer in ein anderes Verzeichnis oder Laufwerk einzufügen.

- *Drucken* öffnet das Druckdialogfeld der neuen Windows-10-Apps. Nachdem Sie einen Drucker sowie Ausrichtung und Papierformat ausgewählt haben, wird das Bild gedruckt.

- *Als Sperrbildschirm* richtet das Bild als Hintergrundbild für den Sperrbildschirm ein.

- *Als Hintergrund festlegen* richtet das Bild als Hintergrundbild für den Desktop ein.

- *Dateiinfo* zeigt ausführliche Informationen zum Foto, wie unter anderem Dateiname und Verzeichnis, Aufnahmedatum, Dateigröße, Abmessungen in Pixeln, Kameratyp etc. an.

Dateiinformationen zu einem Foto anzeigen.

Neue Fotoverbesserungsfunktionen

Im Bearbeitungsmodus erscheinen links und rechts des Bildes Symbolleisten. Die Symbolleiste links bietet fünf Bearbeitungskategorien an.

Wählt man eine davon aus, erscheinen rechts die jeweiligen Werkzeuge. Die meisten davon sind Drehregler, bei denen sich die Stärke des jeweiligen Effektes durch Drehen mit der Maus oder dem Finger auf Touchscreens interaktiv einstellen lässt.

Alle Bearbeitungen werden nicht automatisch in der Bilddatei gespeichert, sondern können zunächst jederzeit zurückgenommen werden. Die Symbolleiste am oberen Bildschirmrand enthält zwei Symbole, um Änderungen im Bild oder in einer Kopie zu speichern.

Die obere Symbolleiste im Bearbeitungsmodus der Fotos-App.

Mit dem Symbol *Vergleichen* sehen Sie sofort den Unterschied zwischen dem bearbeiteten Foto und der Originaldatei.

Allgemeine Korrekturen

Im Bereich *Allgemeine Korrekturen* sind die am häufigsten gebrauchten Korrekturwerkzeuge zu finden.

Verbessern entspricht dem gleichnamigen Werkzeug aus der Hauptsymbolleiste. Hier wirkt es sich nicht nur innerhalb der Fotos-App aus, sondern kann wie jede andere Bildkorrektur in der Bilddatei gespeichert werden.

Dreht das Bild in 90°-Schritten. Auch dieses Werkzeug ist in der Hauptsymbolleiste vorhanden.

Zuschneiden ermöglicht es, einen bestimmten Bildteil interaktiv auszuschneiden und so belanglose Ränder abzuschneiden oder Personen, die ins Bild gerannt sind, zu entfernen und so

das Wesentliche auf einem Foto zu zeigen. Beim Zuschneiden kann ein Seitenverhältnis für den Ausschnitt festgelegt werden, damit sich das bearbeitete Bild besser in eine Fotosammlung einpasst. Dieses Seitenverhältnis wird dann beibehalten, wenn Sie eine der Bildecken verschieben, um einen Ausschnitt zu wählen.

Foto in einem bestimmten Seitenverhältnis zuschneiden.

Mit dem *Ausrichten*-Werkzeug lassen sich schief aufgenommene Bilder gerade ausrichten. Besonders bei Aufnahmen mit einem Meereshorizont wirkt eine leichte Schieflage höchst unprofessionell.

Horizont auf einem Foto ausrichten.

Leuchten die Augen einer Person auf einem Blitzlichtfoto rot, lässt sich das mit dem Symbol *Rote Augen* korrigieren. Schieben Sie den blauen Kreis auf das rote Auge und tippen Sie einmal darauf. Schon ist das rote Auge korrigiert.

Stört ein Staubkorn auf der Kamera oder eine kleine Unregelmäßigkeit auf einer fotografierten Fläche das Gesamtbild, lässt sich dies oft mit dem *Retuschieren*-Werkzeug beheben.

Schieben Sie den blauen Kreis auf den störenden Fleck, der dann automatisch mit dem Muster der direkten Umgebung in dem Bild ausgefüllt wird. Der Effekt funktioniert am besten bei gleichmäßigem Hintergrund und Flecken, die sich farblich deutlich vom Hintergrund abheben.

Filter

Im Bereich *Filter* werden verschiedene Farbfilter angeboten, die über das Foto gelegt werden können. Das Symbolbild ganz oben entfernt alle Filter wieder.

Farbfilter in der Fotos-App.

Licht

Bei grellem Tageslicht, aber auch in der Dämmerung passiert es immer wieder, dass die besonders hellen oder die besonders dunklen Bereiche eines Fotos kaum noch zu erkennen sind. Hier helfen die Werkzeuge im Bereich *Licht* in den Bearbeitungsoptionen weiter. Alle Werkzeuge blenden Drehregler ein, über die sich die jeweiligen Werte interaktiv einstellen lassen.

Helligkeit verändert die Helligkeit des gesamten Bildes.

Kontrast verändert den Kontrast des gesamten Bildes.

Helle Flecken verändert die Helligkeit der besonders hellen Bildteile.

Schatten verändert die Helligkeit der besonders dunklen Bildteile.

In diesem Bild wurden die dunklen Dächer im unteren Bildbereich aufgehellt.

Farbe

Neben Helligkeit und Kontrast lässt sich auch das Farbspektrum eines Fotos korrigieren.

Temperatur – Eine Veränderung der Farbtemperatur wirkt ähnlich wie der Weißabgleich der Kamera.

Bei Tageslichtaufnahmen wirkt das Weiß oft leicht blau, bei Kunstlichtaufnahmen leicht gelb. Mit der Änderung der Farbtemperatur lassen sich solche Fehler ausgleichen.

Mit höherer Farbtemperatur wirkt ein Schlechtwetterbild sonniger.

Mit dem *Farbton* lässt sich das gesamte Bild leicht eintönen.

Mit diesem Symbol verändern Sie die *Sättigung*. Die schwächste Sättigung macht aus einem Farbfoto ein Graustufenbild, die stärkste Sättigung verfälscht die Farben wie ein amerikanisches NTSC-Fernsehbild.

Zur gezielten *Farbverstärkung* ziehen Sie das Symbol auf eine Stelle im Bild. Die Farbe an dieser Position und ähnliche Farben werden verstärkt. Andere Farben bleiben unbeeinflusst. Auf diese Weise lassen sich bestimmte farbige Objekte betonen, ohne dass der Hintergrund verfälscht wird.

Farbverstärkung eines zentralen Bildobjekts.

Effekte

Im Bereich *Effekte* finden Sie noch zwei Spezialeffekte, die sparsam eingesetzt werden sollten, um auf einzelnen Fotos – auf keinen Fall in ganzen Alben – wirklich zur Geltung zu kommen.

Vignette dunkelt die Bildecken ab, sodass ein Motiv in der Bildmitte dadurch stärker betont wird. Gleichzeitig ergibt sich daraus eine Art Retro-Effekt. Umgekehrt können die Randbereiche des Bildes auch aufgehellt werden.

Bei der Option *Selektiver Fokus* erscheint nur ein zentrales Objekt scharf, die übrigen Bildbereiche werden mehr oder weniger stark weichgezeichnet und verschwimmen dadurch. Ziehen Sie den Kreis auf das Objekt und passen Sie die Größe dieses Fokusbereichs entsprechend an. Mit einem Symbol in der oberen Symbolleiste stellen Sie ein, wie stark der Weichzeichner wirken soll.

Der selektive Fokus betont ein zentrales Bildmotiv.

Handyfotos auf dem PC

OneDrive bietet die Möglichkeit, alle neuen Fotos vom Smartphone automatisch in ein nicht öffentliches Album hochzuladen. So haben Sie alle Bilder sofort auf jedem PC mit Ihrem Microsoft-Konto zur Verfügung, ohne dass eine Kabelverbindung zwischen PC und Smartphone nötig ist.

Alle neuen Fotos von der Smartphone-Kamera werden automatisch in das Onlinealbum *Kamerarolle* hochgeladen. Dieses Album ist online unter onedrive.com nur für Sie selbst zugänglich. Sie können es wie jedes andere OneDrive-Verzeichnis automatisch mit Windows 10 auf dem PC synchronisieren. Natürlich können Sie jederzeit einzelne Fotos auf dem PC für andere Personen freigeben.

Auf Windows Phones wischen Sie hierzu in den *Einstellungen* auf die Seite *Anwendungen*. Tippen Sie dort auf *Fotos & Kamera* und dann unter *Automatischer Upload* auf *OneDrive*. Jetzt können Sie die Qualität der hochgeladenen Bilder festlegen. Sollen die Bilder in Originalauflösung auf OneDrive gespeichert werden, ist wegen der großen Datenmenge eine WLAN-Verbindung erforderlich. Alternativ können Sie die Bilder auch automatisch in der Größe reduzieren, wenn Sie OneDrive weniger als Onlinespeicher, sondern eher als Fotoalbum nutzen und die Bilder auf dem PC ansehen und nicht ausdrucken lassen. Größenreduzierte Bilder werden auch über das Mobilfunknetz hochgeladen.

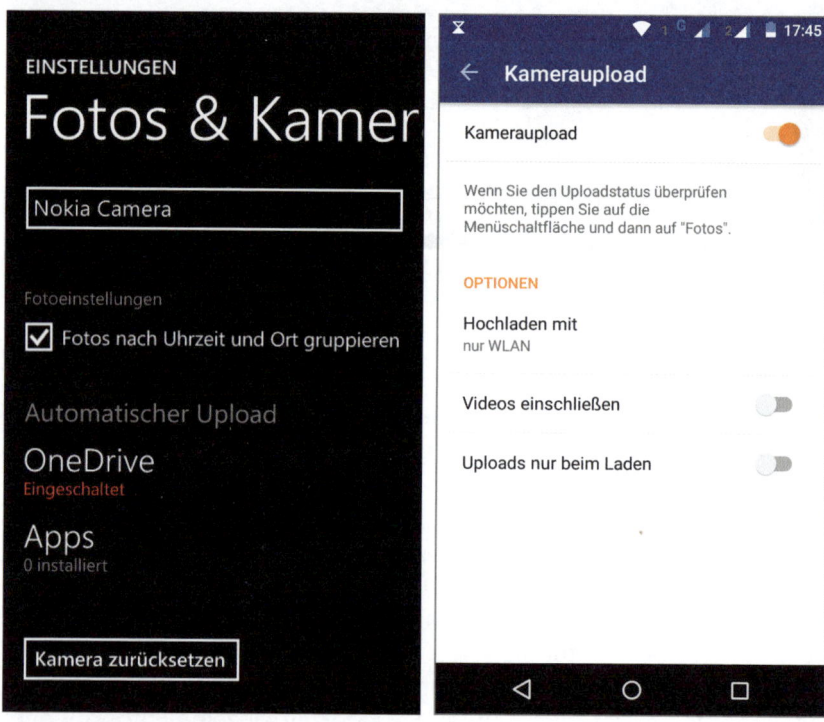

Automatischer OneDrive-Kameraupload auf Windows Phone und Android.

Das automatische Hochladen von Fotos auf OneDrive funktioniert auch mit Android-Smartphones. Hier benötigen Sie die kostenlose OneDrive-App aus dem Google Play Store. In der App melden Sie sich mit Ihrem Microsoft-Konto an.

Fotos per OneDrive teilen oder veröffentlichen

Die Fotos-App zeigt Bilder von OneDrive zwar an, bietet bis jetzt aber noch keine Möglichkeit, die Bilder mit Freunden zu teilen. Ist das Verzeichnis des Fotos mit dem PC synchronisiert, können Sie im Explorer einen Link zum Foto generieren und diesen per E-Mail oder auf anderen Wegen an Freunde weitergeben.

Liegt das Foto in einem OneDrive-Verzeichnis, das nicht mit dem PC synchronisiert wird, gehen Sie im Browser auf onedrive.com und suchen dort das Foto.

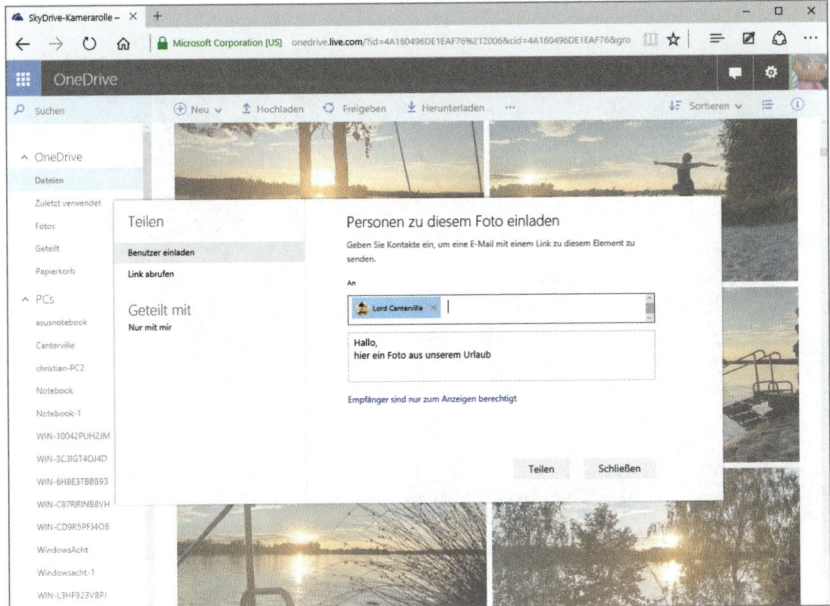

Freunde aus dem Browser zu einem Foto einladen.

Klicken Sie in der oberen Symbolleiste auf *Freigeben* und geben Sie die E-Mail-Adresse des Empfängers ein. Schreiben Sie noch einen kurzen Text und OneDrive generiert automatisch eine E-Mail mit dem Link zum Foto.

Über *Link abrufen* im linken Fensterbereich generieren Sie einen Freigabelink – ähnlich wie im Explorer.

Der neue Musikdienst Groove

Die neue App *Groove-Musik* ist ein Musikplayer für lokal auf dem PC gespeicherte oder von einem Medienserver gestreamte Musik.

Zusätzlich bietet die App eine Anbindung an Microsofts Onlinemusikdienst Groove. Hier kann man über den Windows Store Musik kaufen.

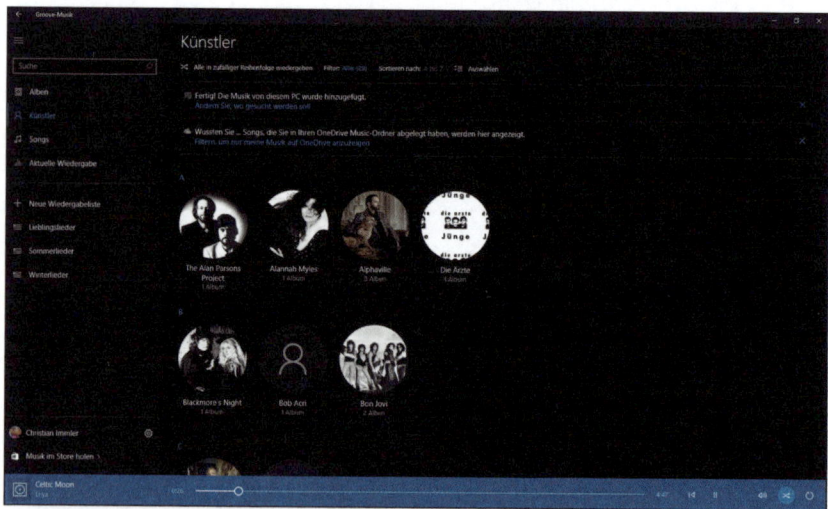

Die neue Windows-10-App Groove-Musik.

Die Live-Kachel der App zeigt den aktuell abgespielten Titel, auch wenn die App selbst gerade im Hintergrund läuft.

Keine Audio-CDs in Groove

Zum Abspielen, Konvertieren und Brennen von Audio-CDs muss weiterhin der klassische Windows Media Player verwendet werden.

Filme & Fernsehsendungen

Zum Abspielen lokal gespeicherter Videos liefert Windows 10 neben dem klassischen Windows Media Player die neue App *Filme & Fernsehsendungen* mit. Diese App ist auch direkt an den Windows Store angebunden, in dem man Filme und Fernsehsendungen kaufen oder leihen kann. DVDs abzuspielen, ist mit dieser App nicht möglich.

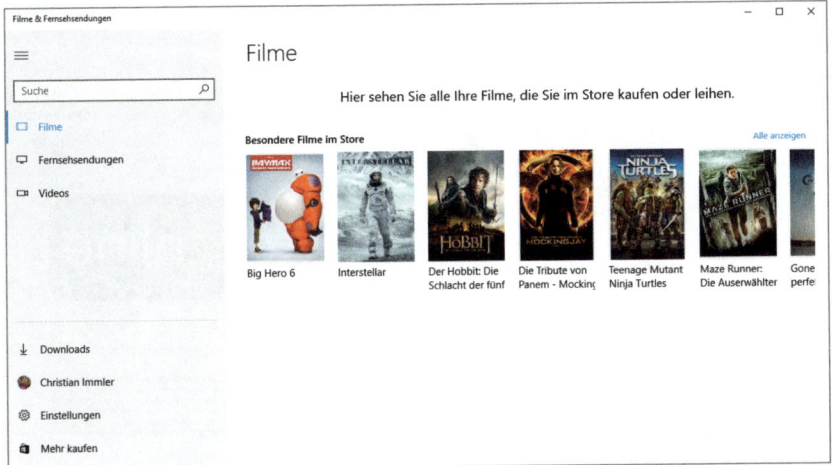

Die neue Windows-10-App Filme & Fernsehsendungen.

9. Wichtige vorinstallierte Apps

Windows 10 liefert diverse nützliche Apps für alltägliche Aufgaben mit. Einige davon sind verbesserte Windows-8.1-Apps, andere auch ganz neu. Diese Apps werden über den Windows Store automatisch aktualisiert.

Mail

Windows 10 enthält eine E-Mail-App im neuen Design, die gegenüber Windows 8.1 noch etwas übersichtlicher gestaltet wurde. Neben dem zur Anmeldung bei Windows verwendeten Microsoft-Konto können zusätzlich auch E-Mail-Konten anderer Anbieter genutzt werden.

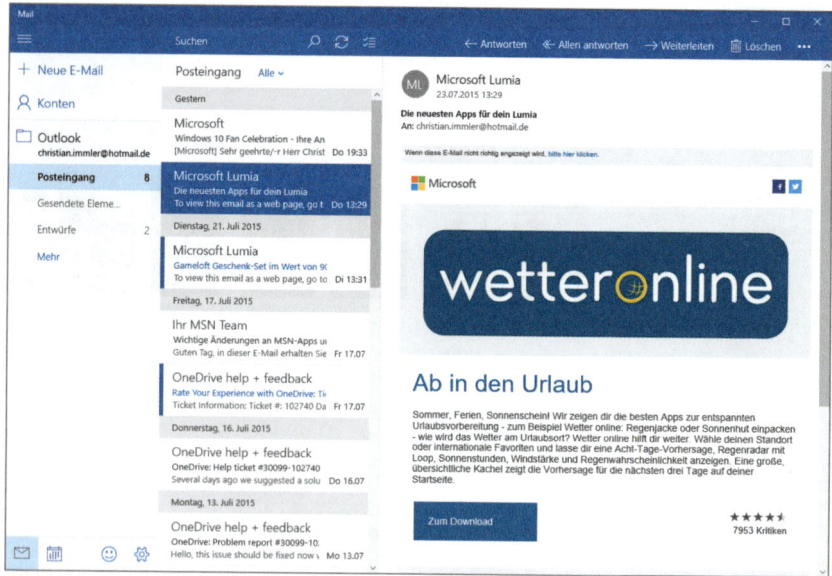

Die neue E-Mail-App in Windows 10.

Mailkonten bei Microsoft, Gmail, Yahoo! und einigen anderen großen Mailanbietern lassen sich weitgehend automatisch einrichten. Klicken Sie dazu unten links auf das Zahnradsymbol und wählen Sie im Seitenmenü *Konten*. Bei E-Mail-Konten auf eigenen Servern oder bei Webhostern mit eigenen Domains müssen Sie die Servernamen manuell eintragen.

- Um eine neue E-Mail zu schreiben, wählen Sie oben links das Mail-Konto, das Sie verwenden möchten, und klicken dann auf *Neue E-Mail*.

- E-Mails werden automatisch im HTML-Format gesendet. Über die Symbolleiste *Einfügen* beim Schreiben einer neuen E-Mail können Sie Dateien anhängen.

- Fahren Sie mit der Maus über eine E-Mail in der Liste, erscheinen Symbole, um diese Mail zu löschen oder zu kennzeichnen.

- Ganz oben neben dem Titel *Posteingang* können Sie die Liste filtern, um nur ungelesene oder gekennzeichnete E-Mails anzuzeigen.

- Mit einem Rechtsklick auf eine E-Mail in der Liste können Sie diese in einen anderen Ordner verschieben. Das Anlegen neuer Ordner ist nicht möglich. Die einfachen Aufräum- und Sortierfunktionen der Windows-8.1-App fehlen leider auch.

- Für jedes Konto können Sie eigene Synchronisierungseinstellungen festlegen. Wählen Sie dazu in der Kontenliste unter *Einstellungen* das gewünschte Konto. Hier legen Sie in den Synchronisierungseinstellungen fest, wie oft auf dem Server nach neuen E-Mails gesucht wird und aus welchem Zeitraum E-Mails automatisch heruntergeladen werden sollen.

- In den *Einstellungen* unter *Optionen* legen Sie fest, ob bei neuen E-Mails Meldungen im Info-Center und Benachrichtigungsbanner erscheinen sollen.

Kontakte

Die Kontakte-App ist eine Verwaltung der Kontakte im Microsoft-Konto, ähnlich wie outlook.com im Browser. Direkt aus der App heraus kann man einer gesuchten Person eine E-Mail schreiben.

Im Gegensatz zu Windows 8.1 können in der Windows-10-App keine Facebook-Kontakte mehr angezeigt werden. Exchange- und Google-Konten lassen sich weiterhin hinzufügen, um die dort gespeicherten Kontakte anzuzeigen.

Kalender

Windows 10 liefert einen Kalender für Termine im Microsoft-Konto mit, der ebenfalls ähnlich wie outlook.com funktioniert, aber auch offline. Kalender aus Google- und Exchange-Konten können ebenfalls eingebunden werden.

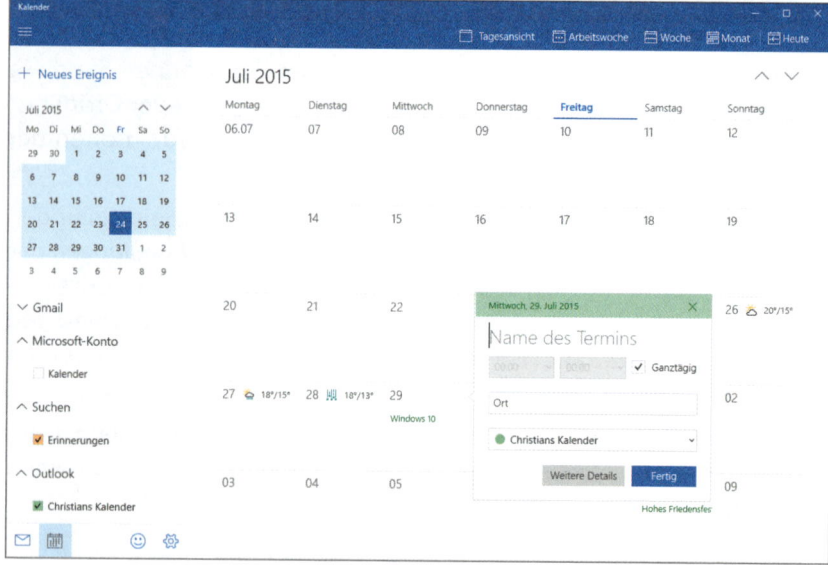

Der Kalender in Windows 10.

Die Kalender-Kachel zeigt aktuelle Termine live an. Der Kalender kann auch über das Kalendersymbol unten links in der Mail-App aufgerufen werden.

Alarm & Uhr

Die App *Alarm & Uhr* ist ein einfacher Wecker mit Stoppuhr und Countdown. Leider ging das moderne Design der Windows-8.1-App verloren, dafür ist jetzt eine Weltzeituhr enthalten. Eine analoge Uhranzeige ist in Windows 10 nur noch in Cortana auf die Frage *Wie spät ist es?* zu finden.

OneNote

OneNote, das Notizenmodul aus Microsoft Office, kommt in Windows 10 kostenlos vorinstalliert mit und synchronisiert Notizbücher über das Microsoft-Konto.

Der neue Browser Microsoft Edge verwendet OneNote für die Webnotizen. Die neue App importiert auch PDF-Dateien als Hintergrund, um dort Kommentare anzubringen.

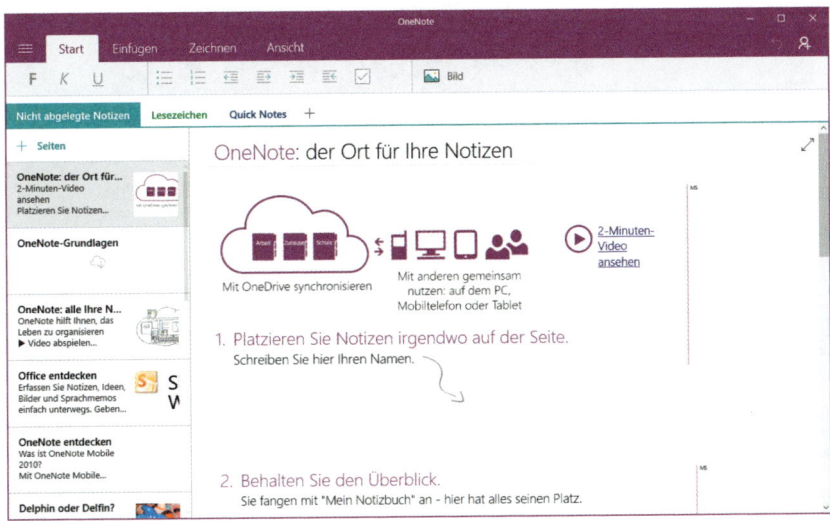

Notizen mit OneNote erstellen und mit anderen Geräten synchronisieren.

Rechner

Windows 10 liefert einen wissenschaftlichen Taschenrechner mit Einheitenkonverter für diverse Maßeinheiten mit. Die Bedienung wurde gegenüber der Windows-8.1-App etwas verbessert. Im Modus *Programmierer* werden alle wichtigen Logikfunktionen angeboten. Außerdem rechnet die App dort gleichzeitig in vier verschiedenen Zahlensystemen.

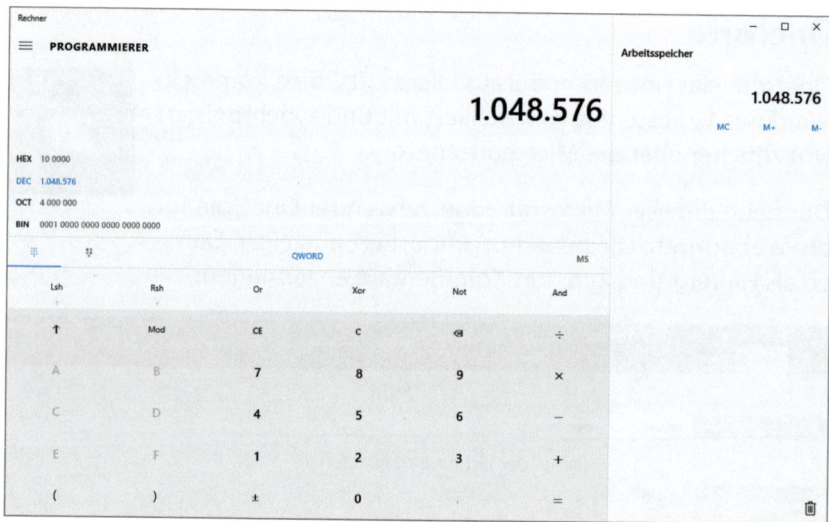

Der Taschenrechner im Modus »Programmierer«.

Die Kalenderberechnungen des Windows-7-Taschenrechners, mit denen sich beliebige Zeiträume ausrechnen ließen, sind leider verloren gegangen.

Die neue Karten–App

Windows 10 liefert eine App für Landkarten, Stadtpläne und Satellitenbilder der von Nokia übernommenen HERE Maps mit.

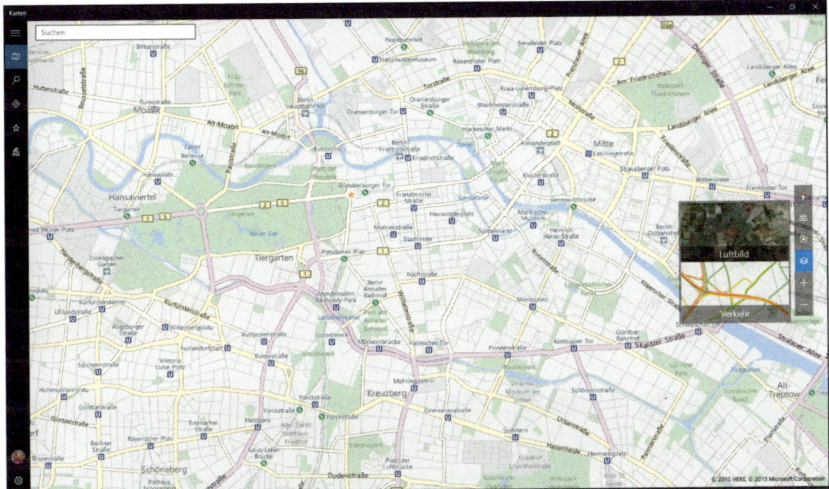

Die neue Karten-App in Windows 10.

Die neue App enthält detaillierte Schrägluftbilder für viele Großstädte weltweit.

Routenplanung ist bis jetzt nur für Autofahrer und Fußgänger möglich. Öffentliche Verkehrsmittel und Radwege werden im Gegensatz zu Google

Maps nicht angeboten. Karten können zur Offlinenutzung in den *Einstellungen* unter *System/Offlinekarten* heruntergeladen werden und stehen dann auch unterwegs zur Verfügung.

Wetter

Die App *Wetter* liefert eine ausführliche Wettervorhersage für beliebige Orte mit historischem Wetter, Sonnenauf- und -untergangszeiten sowie animierten Wetterkarten. Neu in Windows 10 sind redaktionelle Nachrichten rund ums Wetter.

Die neue Wetter-App in Windows 10.

Die Informationen in der App passen sich automatisch der Fenstergröße an. Je größer das Fenster, desto weiter reicht die Vorhersage.

Die Live-Kachel zeigt das aktuelle Wetter für einen ausgewählten Ort. Die gleichzeitige Anzeige mehrerer Orte auf der großen Live-Kachel wie in Windows 8.1 ist nicht mehr möglich.

Nachrichten

Die App *Nachrichten* zeigt aktuelle Nachrichten aus aller Welt aus verschiedenen Nachrichtenquellen. Die Themenkategorien lassen sich persönlich auswählen.

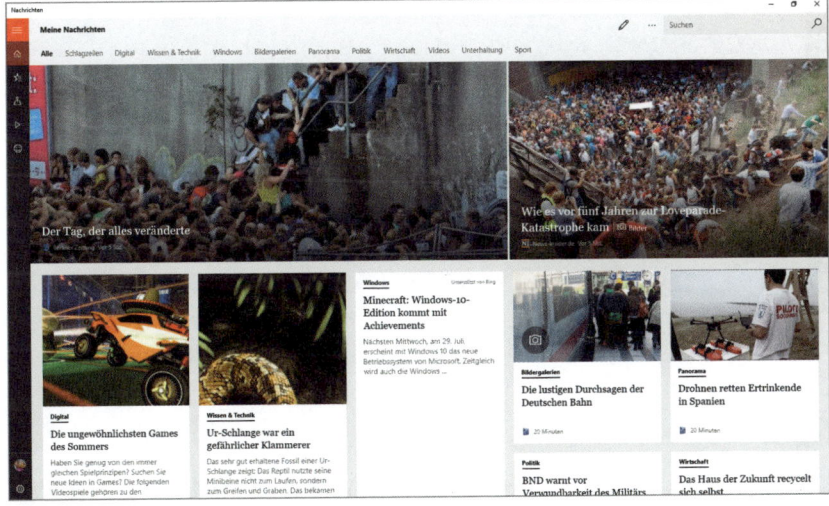

Startseite der Nachrichten-App in Windows 10.

Die intuitive Touchbedienung der Windows-8.1-App wurde zugunsten der Mausbenutzer eher den klassischen Windows-Programmen angeglichen. Die freie Auswahl der Nachrichtenanbieter sowie die Möglichkeit, beliebige RSS-Feeds einzubinden, sind ebenfalls verloren gegangen.

Finanzen

Die App *Finanzen* liefert Zahlen und Kurstabellen aus der Finanzwelt im Stil der anderen Nachrichten-Apps von Windows 10. Außerdem sind interaktive Rechner für Währungskurse und Darlehen enthalten.

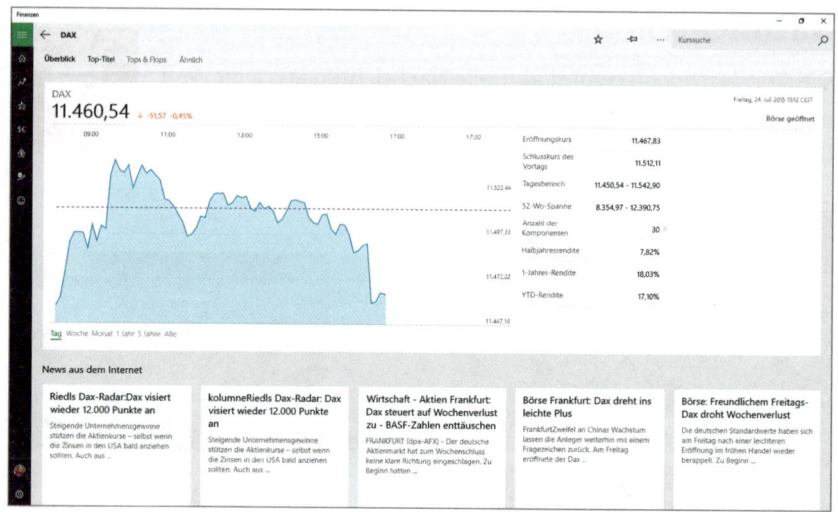

DAX-Kurve in der Finanzen-App.

Sport

Die Sportnachrichten der vorinstallierten Windows-10-App beschränken sich zurzeit auf die populärsten Mannschaftssportarten, in Deutschland mit Schwerpunkt auf die Fußball-Bundesliga, zu der auch ausführliche Tabellen und Ergebnislisten geliefert werden.

Reisen, Kochen und Fitness

Windows 8.1 enthielt zusätzlich die MSN-Apps *Reisen*, *Kochen & Genuss* und *Gesundheit & Fitness*. Diese werden mit Windows 10 auch noch mitgeliefert. Microsoft hat aber bereits angekündigt, diese Apps Ende September 2015 einzustellen. Sie werden dann keine neuen Daten mehr anzeigen.

Fresh Paint

Fresh Paint ist ein echtes Malprogramm, mit dem man mit Pinseln und Stiften auf Leinwand oder Papier Bilder malt. Diese Microsoft-App ist auf vielen Windows-10-Geräten vorinstalliert, um die Möglichkeiten der Touchbedienung eindrucksvoll zu demonstrieren. Fresh Paint zeigt eine völlig neue Benutzeroberfläche, die für die Bedienung auf Touchscreens optimiert ist und keinerlei Ähnlichkeit mehr mit dem hat, was man bisher von Windows kannte.

Das Malprogramm Fresh Paint.

Xbox-App und Spiele

Die Xbox-Spieleplattform ist jetzt fest ins Betriebssystem integriert. Passende Spiele können über den Windows Store heruntergeladen werden.

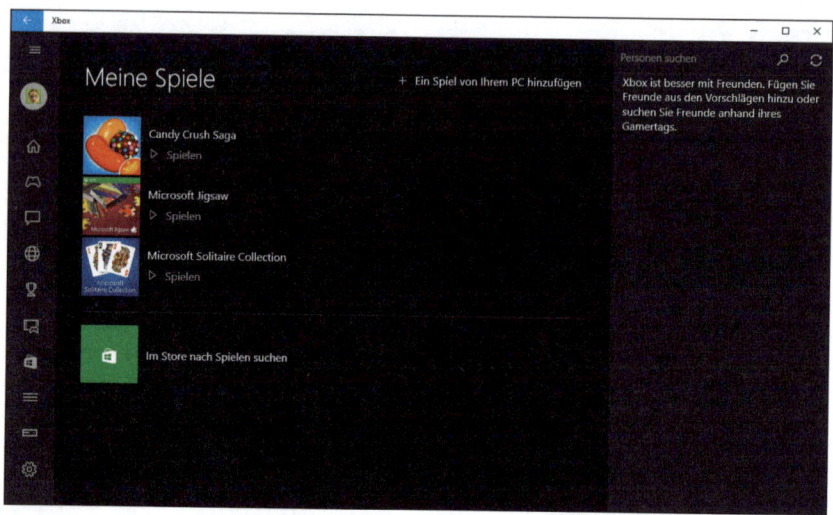

Die persönliche Spielerseite in der Xbox-App.

Mit der Anmeldung bei Xbox bekommt man sein persönliches Spielerprofil, das mit dem eigenen Microsoft-Konto verknüpft ist. Über dieses Profil können Sie in den Spielen Erfolge sammeln und auch andere Spieler zu Gemeinschaftsspielen einladen.

Die Spielleiste

Xbox-Spiele bieten mit der neuen Spielleiste die Möglichkeit, Screenshots zu erstellen oder sogar den Spielablauf als Videosequenz aufzuzeichnen. Diese Symbolleiste wird mit der Tastenkombination ⊞+Ⓖ im Spiel aufgerufen.

Die Spielleiste in einem Xbox-Spiel.

Zum Aufzeichnen von Spielclips werden nur bestimmte Grafikkarten unterstützt. Genaue Informationen darüber bekommen Sie mit einem Klick auf das *Einstellungen*-Symbol in der Spielleiste.

Solitaire

Solitär, das beliebte Kartenspiel, das bis jetzt in jeder Windows-Version dabei war, wird seit Windows 8 nicht mehr vorinstalliert mitgeliefert. Beim Update von Windows 7 auf Windows 10 wird das ehemalige Solitär automatisch durch die neue Microsoft Solitaire Collection ersetzt. Das Spiel kann auch kostenlos aus dem Windows Store heruntergeladen werden. Wundern Sie sich nicht, wenn die Installation sehr lange dauert. Im Gegensatz zu den meisten Apps, die nur einige MByte groß sind, müssen hier deutlich über 100 MByte zur Installation heruntergeladen werden. Allerdings handelt es sich dabei auch nicht nur um das einfache Kartenspiel, sondern um ein komplettes Spielsystem mit Anbindung an die Xbox-Plattform.

Das neue Solitär für Windows 10.

Minesweeper

Minesweeper ist ein weiterer Spielklassiker, der bei vielen Windows-Versionen vorinstalliert mit dabei war. In Windows 10 kann Minesweeper kostenlos aus dem Windows Store nachinstalliert werden.

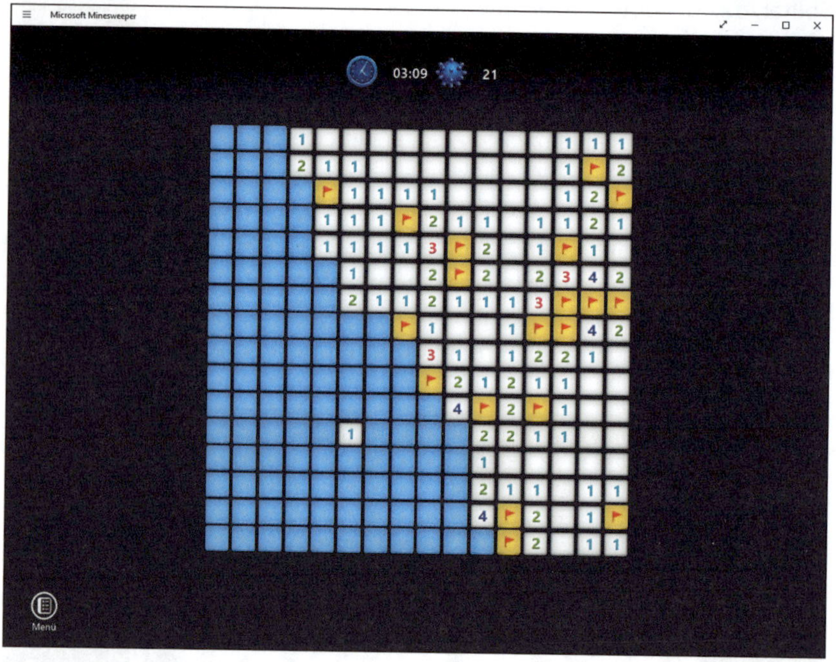

Das neue Minesweeper für Windows 10.

10. Die neuen Einstellungen

Die neuen *Einstellungen* im modernen Design werden nach und nach die klassische Systemsteuerung in Windows ablösen. Da Windows 10 nach derzeitigem Informationsstand keine großen Versionssprünge mehr machen wird, wird der Übergang von der klassischen Systemsteuerung zu den neuen *Einstellungen* nach und nach in kleinen Schritten erfolgen.

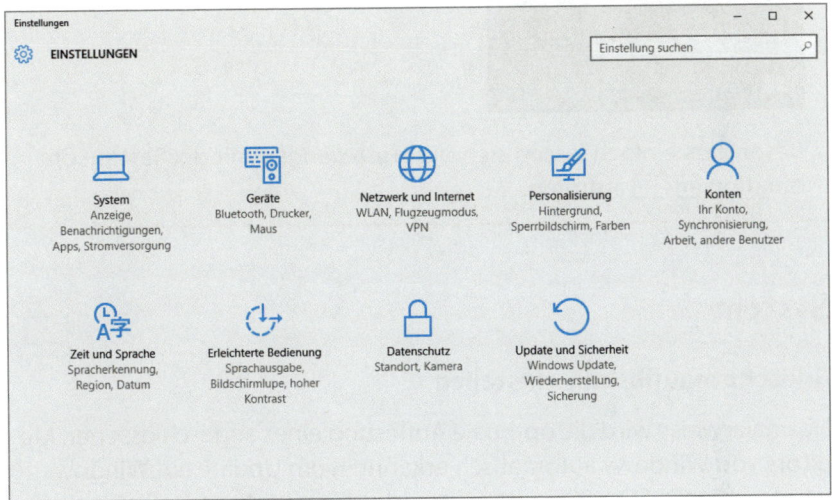

Die neuen Einstellungen in Windows 10.

Bis jetzt sind noch längst nicht alle Systemeinstellungen in die neue App übertragen. Im Gegensatz zu Windows 8.1 wurden die Einstellungen, die bereits im neuen Design verfügbar sind, aus der Systemsteuerung entfernt.

Wer von Windows 7 auf Windows 10 umsteigt, wird vieles nicht mehr an gewohnter Stelle finden. Die meisten Bildschirmseiten der Einstellungen-App enthalten ganz unten einen Bereich mit Links, die zur klassischen Systemsteuerung führen.

Einstellungen schnell aufrufen

Die *Einstellungen* werden über einen Menüpunkt im Startmenü aufgerufen, der, ohne zu blättern, immer links unten zu finden ist.

Besonders einfach lassen sich die *Einstellungen* mit der Tastenkombination ⊞+Ⅰ aufrufen.

System

Bildschirmauflösung einstellen

Normalerweise wird die optimale Auflösung eines angeschlossenen Monitors von Windows automatisch erkannt. Beim Update auf Windows 10 werden die Grafiktreiber erst später installiert und somit die zuvor verwendete Bildschirmauflösung nicht immer erkannt.

In den *Einstellungen* unter *System/Bildschirm* werden angeschlossene Bildschirme erkannt und Sie können mit einem großflächigen Regler, der auch bei unscharf eingestelltem Bildschirm noch bedienbar ist, die Auflösung einstellen.

Jede Änderung der Bildschirmauflösung muss innerhalb einer bestimmten Zeit bestätigt werden, andernfalls wird die Auflösung automatisch zurückgesetzt.

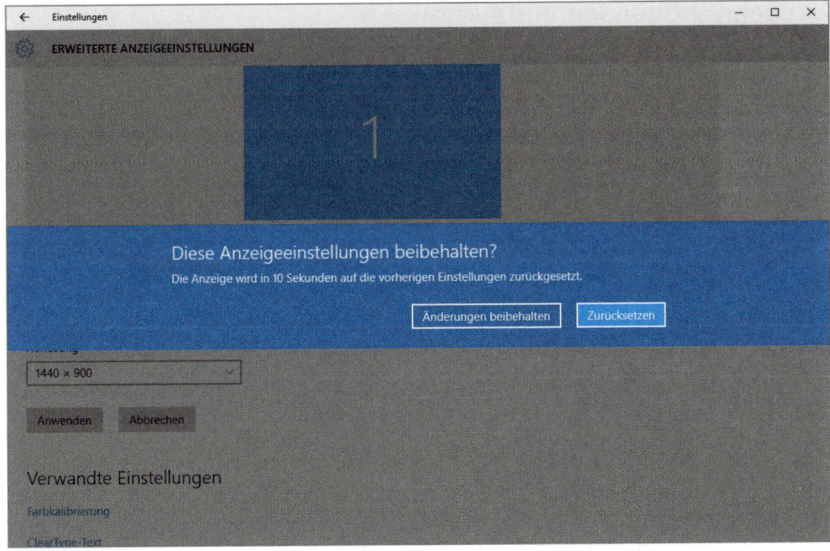

Meldung nach dem Verändern der Bildschirmauflösung.

Auf diese Weise wird verhindert, dass man eine ungültige Bildschirmauflösung einstellt und diese nachträglich nicht mehr rückgängig machen kann.

Windows-Desktop auf mehreren Monitoren

Wie schon frühere Windows-Versionen kann auch in Windows 10 der
Desktop auf mehrere Monitore ausgeweitet werden. Neu ist hier, dass
sich Apps automatisch der jeweiligen Monitorauflösung anpassen
und mehr Informationen darstellen können, wenn sie auf einen hö-
her aufgelösten Monitor verschoben werden.

Benachrichtigungen und Aktionen

In den *Einstellungen* unter *System/Benachrichtigungen und Aktionen* legen Sie fest, welche Apps und Systemereignisse Benachrichtigungen im Info-Center anzeigen sollen. Außerdem wählen Sie hier aus, welche Symbole im Infobereich der Taskleiste zu sehen sein sollen.

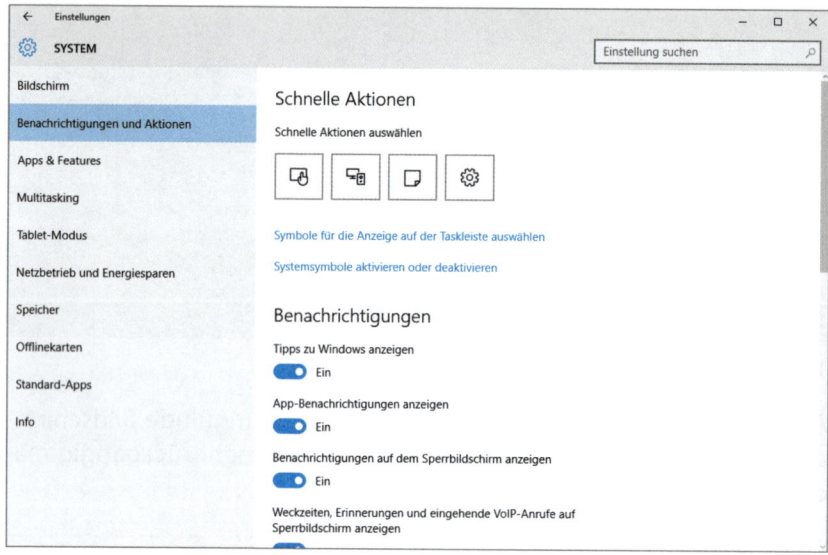

Einstellungen für Benachrichtigungen und Aktionen.

Für jede App, die Benachrichtigungen verwendet, können Sie einzeln festlegen, ob diese auch Benachrichtigungsbanner anzeigen und Sounds abspielen darf. Benachrichtigungsbanner sind Meldungen, die in der rechten unteren Bildschirmecke eine kurze Zeit lang über laufende Apps eingeblendet werden.

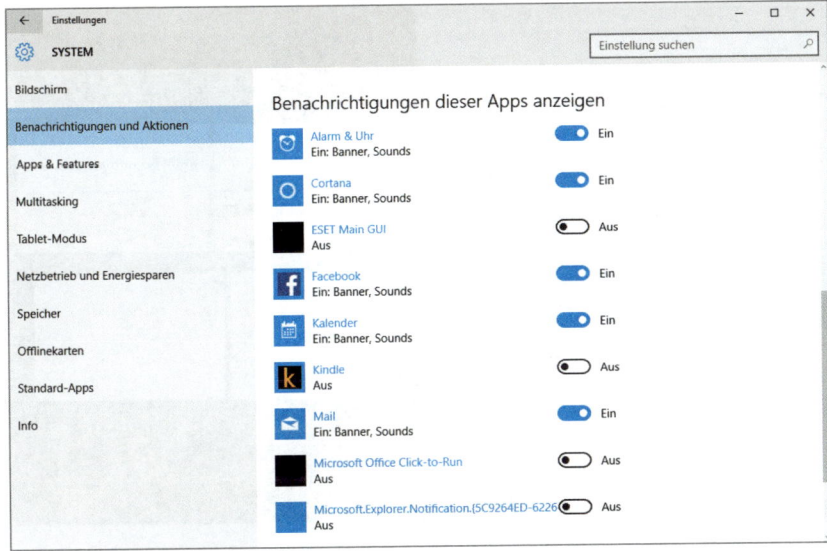

Benachrichtigungsarten für einzelne Apps festlegen.

Apps & Features

Die Liste *Apps & Features* zeigt den Platzbedarf jeder installierten App auf der Festplatte an. Hier finden Sie schnell heraus, wo es sich lohnt, aufzuräumen. Im Gegensatz zu Windows 8.1 enthält diese Liste in Windows 10 nicht nur Windows-Store-Apps, sondern auch klassische Programme – selbst wenn diese auf einem anderen Laufwerk installiert sind.

Multitasking

Hier legen Sie das Verhalten von Fenstern beim Andocken an einem der Bildschirmränder fest. So kann zum Beispiel, wenn ein Fenster in der linken oder rechten Bildschirmhälfte angedockt wird, in der anderen Bildschirmhälfte eine Liste aller Fenster erscheinen, um auf einfache Weise eines dort anzudocken und mit zwei Fenstern parallel zu arbeiten. Weiterhin legen Sie hier fest, ob beim Fensterwechsel nur die Fenster auf dem aktuellen Desktop oder alle zu sehen sein sollen.

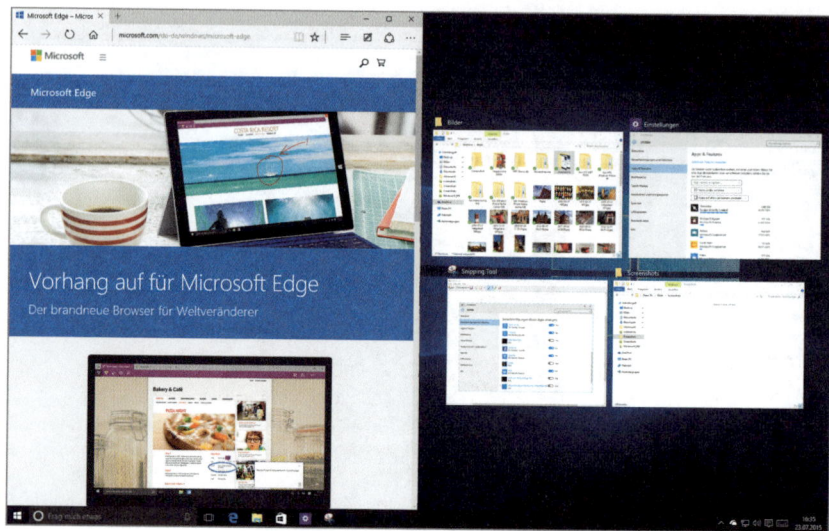

Offene Fenster zeigen, die neben einem angedockten Fenster angezeigt werden können.

Auf ausreichend großen Bildschirmen können sogar vier Fenster auf diese Weise dargestellt werden. Ziehen Sie dazu jedes Fenster in eine der Bildschirmecken.

Tablet-Modus

Hier legen Sie einige Einstellungen zum Tablet-Modus fest, wie unter anderem, ob das Gerät zum Beispiel durch An- und Abstecken einer Tastatur den Tablet-Modus automatisch umschalten darf. Einfacher als über *System/Tablet-Modus* in den *Einstellungen* schalten Sie den Tablet-Modus über das Symbol im Info-Center um.

Stromsparmodus

In den *Einstellungen* unter *System/Stromsparmodus* sehen Sie die verbleibende Akkukapazität und Laufzeit. Diese Daten sehen Sie einfacher auch mit einem Klick auf das Akkusymbol im Infobereich der Taskleiste.

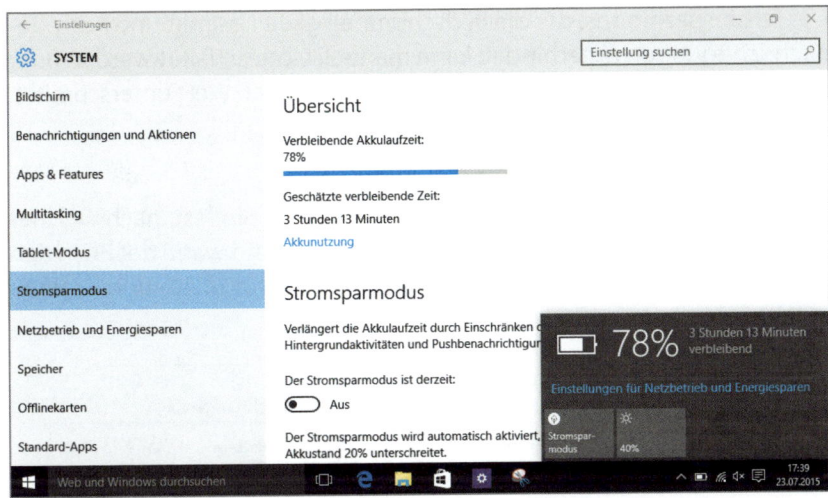

Akkuanzeige in den Einstellungen und über das Infobereichssymbol.

Ein Klick auf *Akkunutzung* liefert ausführliche Informationen darüber, welche App in der letzten Zeit wie stark zum Stromverbrauch beigetragen hat.

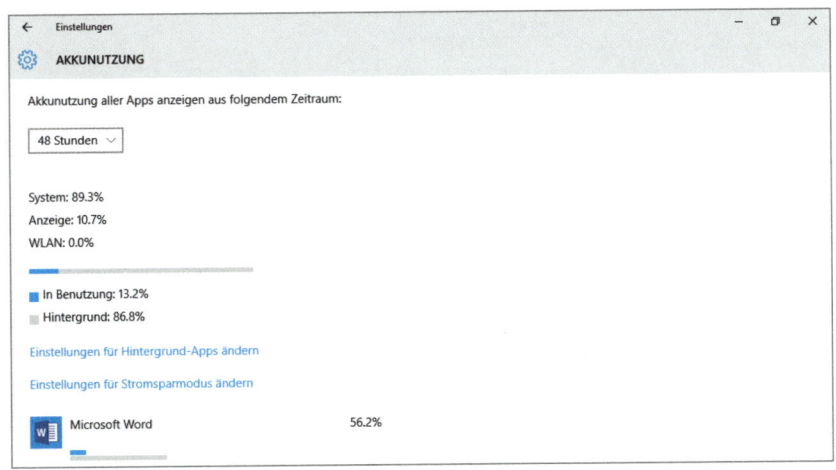

Akkunutzung durch die verschiedenen Apps anzeigen.

Der Stromsparmodus, der die Bildschirmhelligkeit absenkt und Push-Benachrichtigungen unterbindet, kann manuell eingeschaltet werden oder automatisch, wenn der Akkustand einen bestimmten Wert unterschreitet.

Netzbetrieb und Energiesparen

Unter *System/Netzbetrieb und Energiesparen* legen Sie fest, nach welcher Inaktivitätszeit der Bildschirm ausgeschaltet wird und wann der PC in den Energiesparmodus geht. Beide Zeiten lassen sich für Akku- und Netzbetrieb getrennt einstellen.

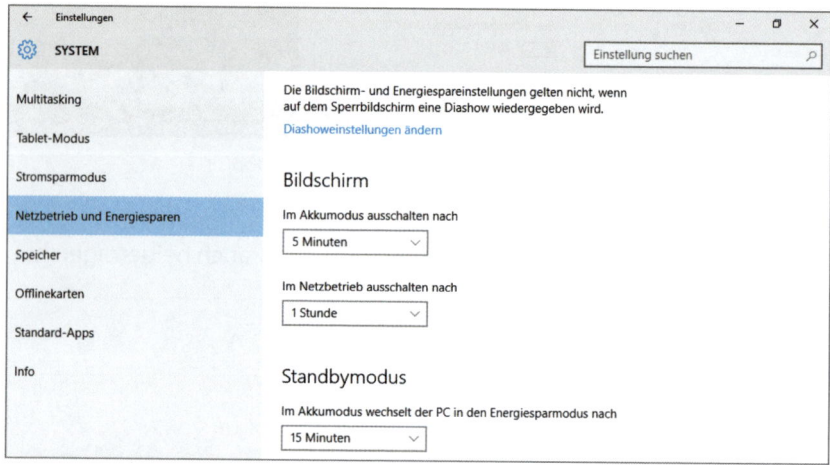

Einstellungen zum automatischen Ausschalten.

Speicher

Unter *System/Speicher* wird der belegte Speicherplatz auf allen angeschlossenen Laufwerken angezeigt. Weiterhin legen Sie hier fest, welche Datentypen standardmäßig auf welchem Laufwerk gespeichert werden. Diese Grundeinstellung gilt nur für Windows-Store-Apps. Klassische Programme haben meistens ihre eigenen Speichereinstellungen.

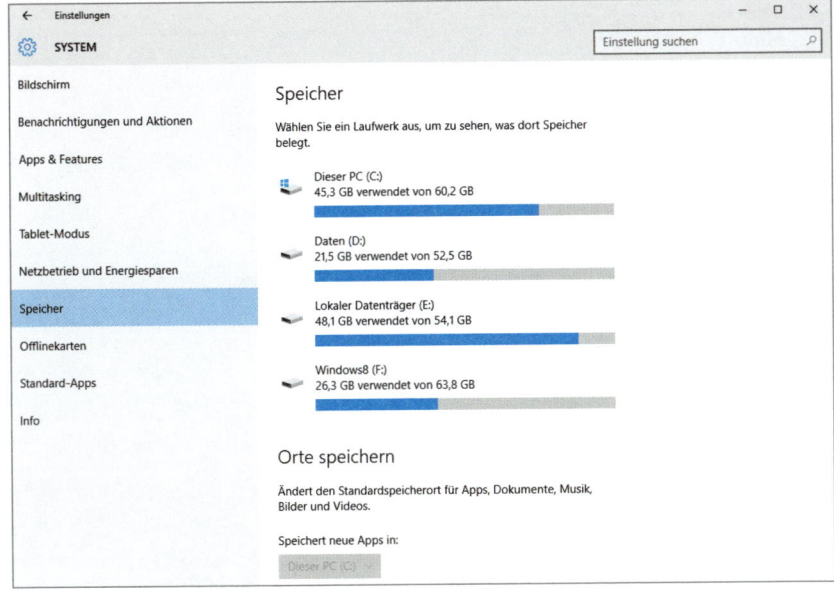

Speicherauslastung auf allen Laufwerken anzeigen.

Offlinekarten

Hier wählen Sie für die Karten-App Karten aus, die zur Offlinenutzung unterwegs vorab heruntergeladen werden sollen. Standardmäßig steht das Kartenmaterial der App nur mit Internetverbindung zur Verfügung, was unterwegs oft wenig hilfreich ist.

Wird der Speicherplatz knapp, löschen Sie nicht mehr benötigte Offlinekarten. Online funktioniert die Karten-App trotzdem weiter.

Weiter unten auf der Seite können Sie die automatische Aktualisierung der Offlinekarten einschalten, wenn eine nicht getaktete Internetverbindung zur Verfügung steht. Getaktete Internetverbindungen sind meist kostenpflichtig oder volumenbegrenzt und werden daher nicht zur automatischen Aktualisierung verwendet.

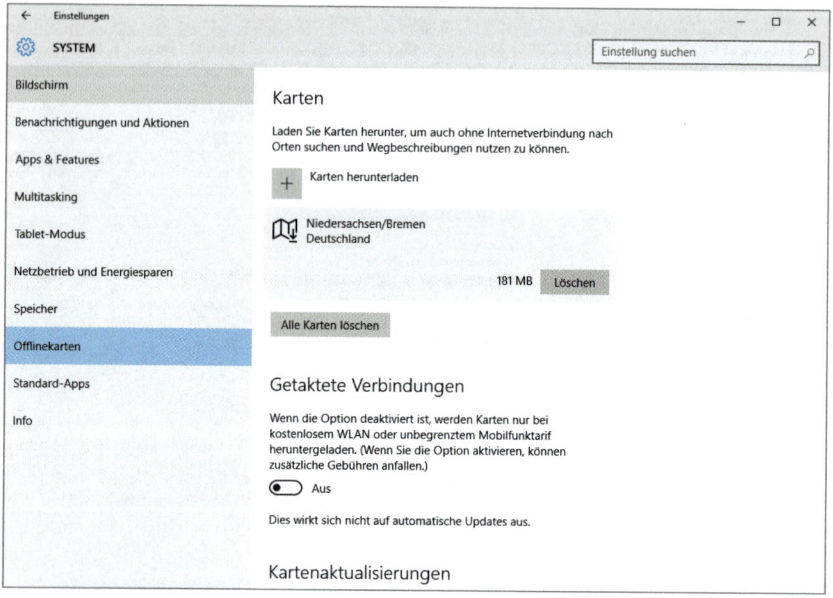

Offlinekarten in den Einstellungen verwalten.

Microsoft bietet Karten für alle Regionen der Erde an, die nach Kontinenten und Ländern ausgewählt werden können.

Standard-Apps

Unter *System/Standard-Apps* legen Sie fest, welche Dateitypen beim Doppelklick im Explorer standardmäßig mit welchem Programm geöffnet werden.

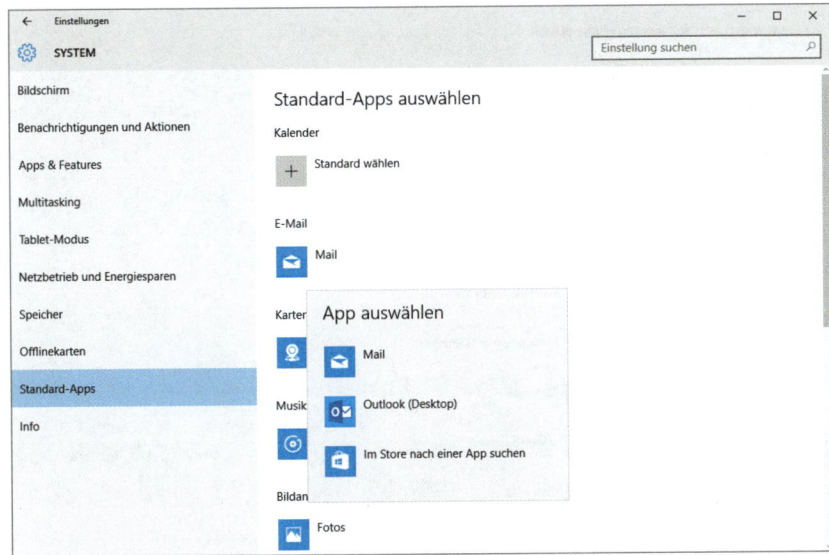

Standard-Apps auswählen.

Standardbrowser ändern

In Windows 10 gibt es für Entwickler von Webbrowsern keine Möglichkeit mehr, automatisch ein Dialogfeld zu öffnen, wenn der eigene Browser nicht Standardbrowser ist, und daraus den Standardbrowser umzuschalten. Nutzer externer Browser wie Firefox oder Google Chrome müssen den Weg über die *Einstellungen* gehen, um den Standardbrowser zu ändern.

Außer den einfachen Grundeinstellungen gibt es Links, über die Standard-Apps nach Dateiendungen oder Protokollen festgelegt werden können. Umgekehrt kann man auch einzelnen Programmen bestimmte Datei-typen als Standard zuweisen.

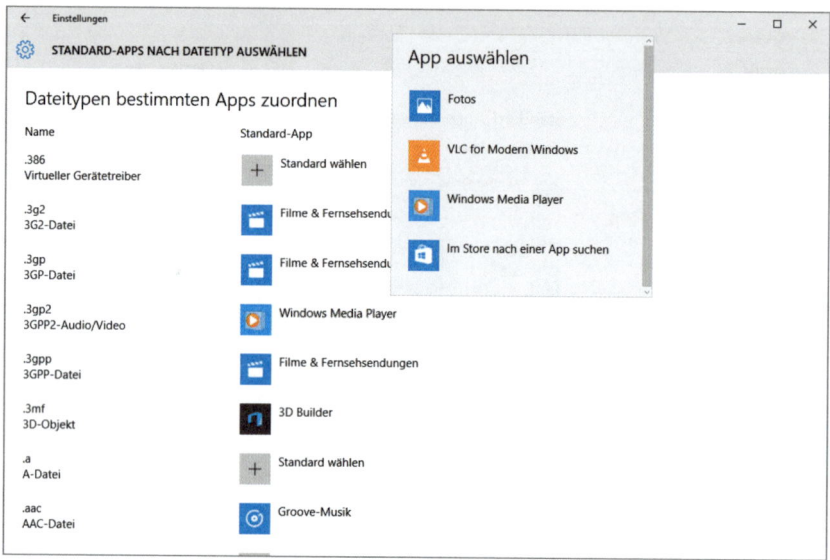

Standard-Apps nach Dateiendungen auswählen.

Info

System/Info zeigt wichtige Informationen zur installierten Windows-Version, den Computernamen, zur Arbeitsgruppe, zum installierten Speicher sowie Prozessortyp an. Computername und Domäne können an dieser Stelle auch geändert werden.

Vergleichbare Informationen zeigt die klassische Systemsteuerung unter *System und Sicherheit/System* oder noch schneller mit der Tastenkombination ⊞+(Pause).

Geräte

Drucker & Scanner

Die *Einstellungen* bieten unter *Geräte/Drucker & Scanner* eine einfache Möglichkeit, neue Druckertreiber zu installieren. Die meisten anderen Geräte müssen weiterhin über die klassische Systemsteuerung installiert werden.

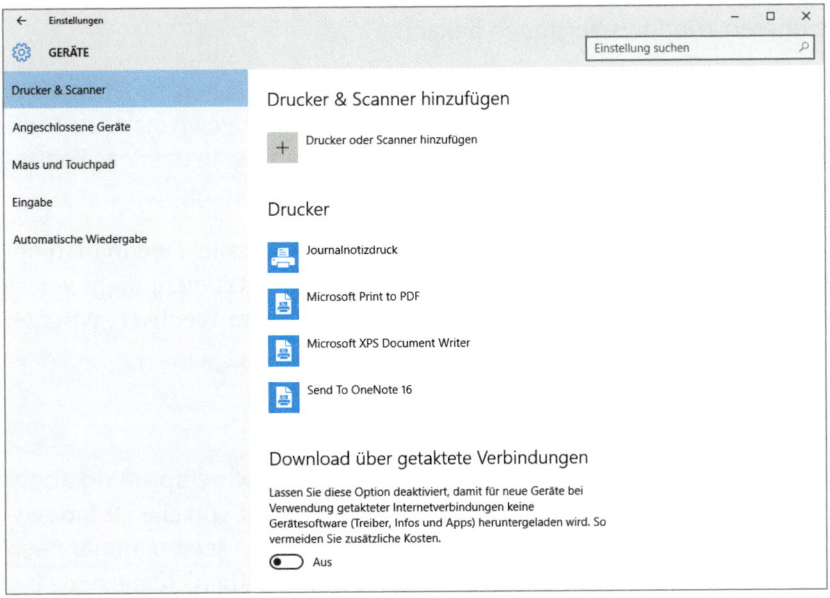

← Einstellungen	– □ ×
⚙ GERÄTE	Einstellung suchen 🔍

Drucker & Scanner

Angeschlossene Geräte

Maus und Touchpad

Eingabe

Automatische Wiedergabe

Drucker & Scanner hinzufügen

➕ Drucker oder Scanner hinzufügen

Drucker

🖨 Journalnotizdruck

📄 Microsoft Print to PDF

📄 Microsoft XPS Document Writer

📄 Send To OneNote 16

Download über getaktete Verbindungen

Lassen Sie diese Option deaktiviert, damit für neue Geräte bei Verwendung getakteter Internetverbindungen keine Gerätesoftware (Treiber, Infos und Apps) heruntergeladen wird. So vermeiden Sie zusätzliche Kosten.

◯ Aus

Die Liste installierter Drucker.

Angeschlossene Geräte

Diese Liste zeigt angeschlossene Geräte, wie unter anderem Tastatur, Monitor, externe Laufwerke. Allerdings werden keine Informationen zu den Geräten angezeigt, sie können bei Problemen nur entfernt werden. Es gibt aber Links auf die klassische Systemsteuerung, die Detaildaten liefern.

Maus und Touchpad

Unter *Geräte/Maus und Touchpad* lassen sich die Maustasten vertauschen – besonders bei Linkshändern beliebt – und die Geschwindigkeit des Bildlaufs mit dem Mausrad lässt sich einstellen. Diese Einstellungen sind aus früheren Windows-Versionen bekannt.

Neu dagegen ist der Schalter *Inaktive Fenster beim Daraufzeigen scrollen*. Ist dieser aktiviert, kann man mit dem Mauszeiger über ein inaktives Fenster fahren und dieses mit dem Mausrad scrollen, ohne dass das Fenster angeklickt und in den Vordergrund gebracht werden muss.

Dies ist besonders beim Schreiben von Texten nützlich, wenn man nebenbei im Browser etwas recherchiert. Man versetzt nicht mehr versehentlich den Cursor in der Textverarbeitung beim Wechsel zwischen den Fenstern.

Eingabe

Unter *Geräte/Eingabe* kann die eingebaute Rechtschreibprüfung abgeschaltet werden. Diese wird zurzeit aber noch nicht von allen Windows-Apps unterstützt. Besonders klassische Programme setzen immer noch auf eigene Rechtschreibkorrekturen und nutzen dafür nicht die neue Betriebssystemkomponente.

Automatische Wiedergabe

Die *Automatische Wiedergabe* regelt, was passiert, wenn ein Wechseldatenträger wie zum Beispiel ein USB-Stick, angeschlossen oder eine Speicherkarte eingesteckt wird.

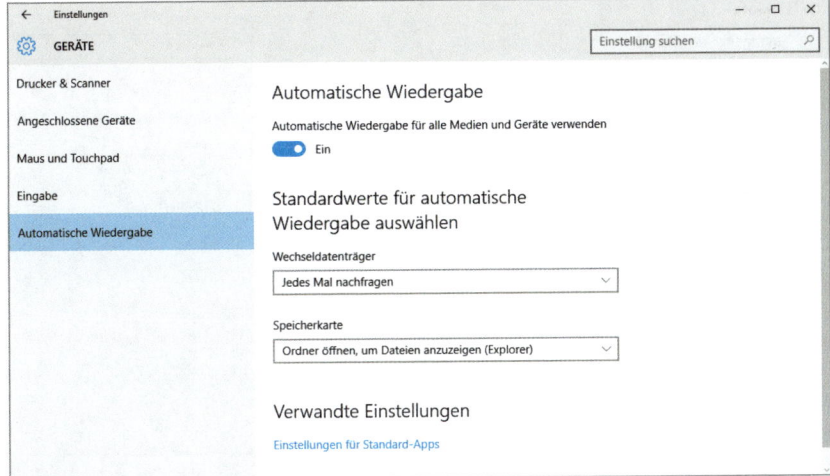

Einstellungen für die automatische Wiedergabe.

Netzwerk und Internet

WLAN

In den *Einstellungen* unter *Netzwerk und Internet/WLAN* sind die WLANs in Reichweite aufgelistet. Hier können Sie eine Verbindung herstellen oder trennen sowie auch die automatische Verbindung einstellen, wenn ein bestimmtes WLAN in der Nähe ist.

Unter *Erweiterte Optionen* finden Sie unter anderem die MAC-Adresse Ihres Gerätes. Auf der Seite *WLAN-Einstellungen verwalten* legen Sie fest, ob zu öffentlichen Hotspots und von Kontakten freigegebenen WLANs automatisch Verbindungen hergestellt werden. Hier finden Sie auch eine Liste aller auf dem Gerät gespeicherten WLANs.

Bei Verbindungsproblemen können Sie hier einzelne WLANs löschen und sich dort durch Eingabe des Schlüssels neu anmelden. Auf PCs ohne WLAN erscheint dieser Bereich in den *Einstellungen* nicht.

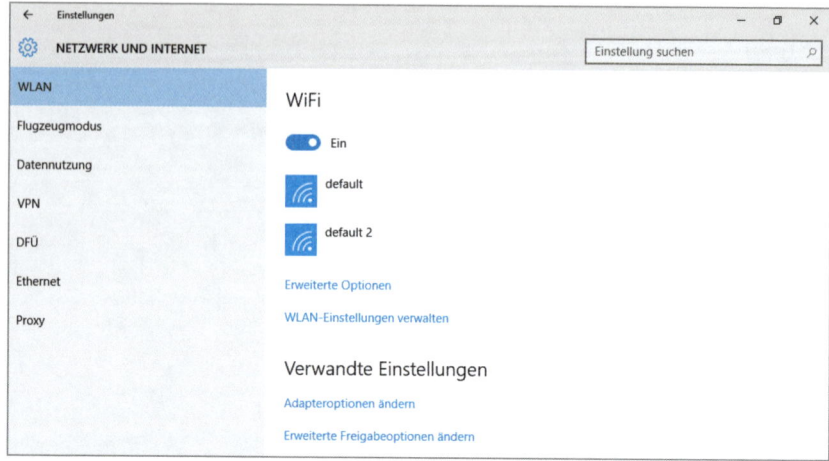

Einstellungen für WLAN-Verbindungen.

Um einfach nur eine Verbindung mit einem WLAN herzustellen, brauchen Sie nicht die Einstellungen aufzurufen. Einfacher geht es über einen Klick auf das Netzwerksymbol im Infobereich der Taskleiste.

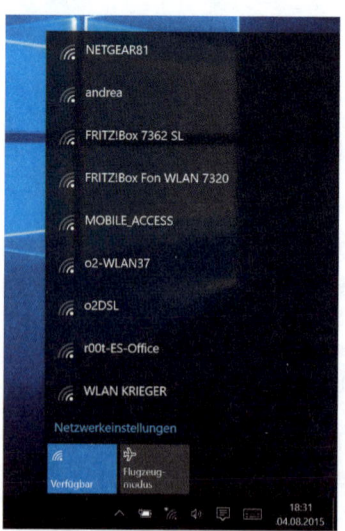

Hier werden ebenfalls alle verfügbaren WLANs angezeigt. Klicken Sie auf das gewünschte WLAN, um sich zu verbinden. Bei verschlüsselten Netzwerken müssen Sie noch den Schlüssel eingeben.

Sichtbare WLANs in der Nähe.

Flugzeugmodus

Im Flugzeugmodus werden alle Funkverbindungen, WLAN, Bluetooth, Mobilfunk abgeschaltet, um das Gerät in Flugzeugen oder anderen sensiblen Bereichen nutzen zu können, wo Funkverbindungen wegen möglicher Störungen elektronischer Geräte nicht erlaubt sind.

Einfacher als über die *Einstellungen* schalten Sie ein Gerät über ein Symbol unten im Info-Center in den Flugzeugmodus.

Datennutzung

Im Bereich *Netzwerk und Internet/Datennutzung* wird die Menge der über das Netzwerk übertragenen Daten in den letzten 30 Tagen angezeigt. Besonders interessant ist dies bei volumenabhängigen Internettarifen über LTE und andere Mobilfunkverbindungen. Ein Klick auf *Nutzungsdetails* zeigt, welche Apps am meisten zur Datennutzung beigetragen haben.

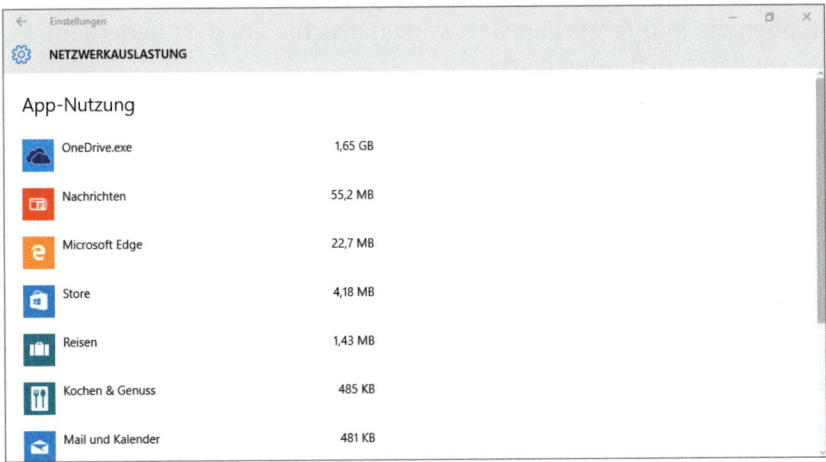

Datenverbrauch einzelner Apps in den letzten 30 Tagen.

VPN

Unter *Netzwerk und Internet/VPN* bietet Windows 10 eine im Vergleich zu früheren Windows-Versionen sehr komfortable Möglichkeit zum Einrichten einer VPN-Verbindung an.

DFÜ

Kaum zu glauben, aber im Bereich *Netzwerk und Internet/DFÜ* wird ein Dialogfeld der klassischen Systemsteuerung geöffnet, in dem man unter anderem heute noch Datenverbindungen über analoge Modems einrichten kann.

Ethernet

Im Bereich *Netzwerk und Internet/Ethernet* ist eine aktive Ethernet-Verbindung zu sehen. Hier finden Sie auch verschiedene Links auf Module der klassischen Systemsteuerung zur Netzwerkkonfiguration. Ein Klick auf die Netzwerkverbindung zeigt die lokale IP-Adresse und MAC-Adresse. Hier können Sie in öffentlichen Netzwerken abschalten, dass der eigene PC von anderen gefunden wird.

Proxy

Falls Sie einen Proxyserver für die Netzwerkverbindung verwenden, geben Sie hier die notwendigen Daten ein oder starten ein Setup-Skript.

PC personalisieren

Hintergrundbild auswählen

Die wahrscheinlich am häufigsten aufgerufene Windows-Einstellung ist die für das Hintergrundbild. Der gewohnte Rechtsklick auf den Desktop zeigt immer noch ein Kontextmenü, in dem man über *Anpassen* zur Auswahl des Hintergrundbildes kommt.

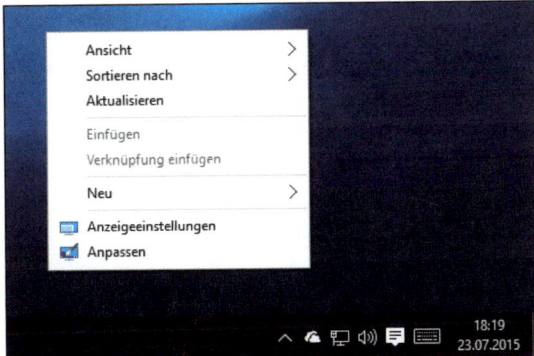

Das Kontextmenü beim Rechtsklick auf den Desktop.

Die Auswahl eines Bildes oder einer Diashow findet sich jetzt in der neuen Einstellungen-App.

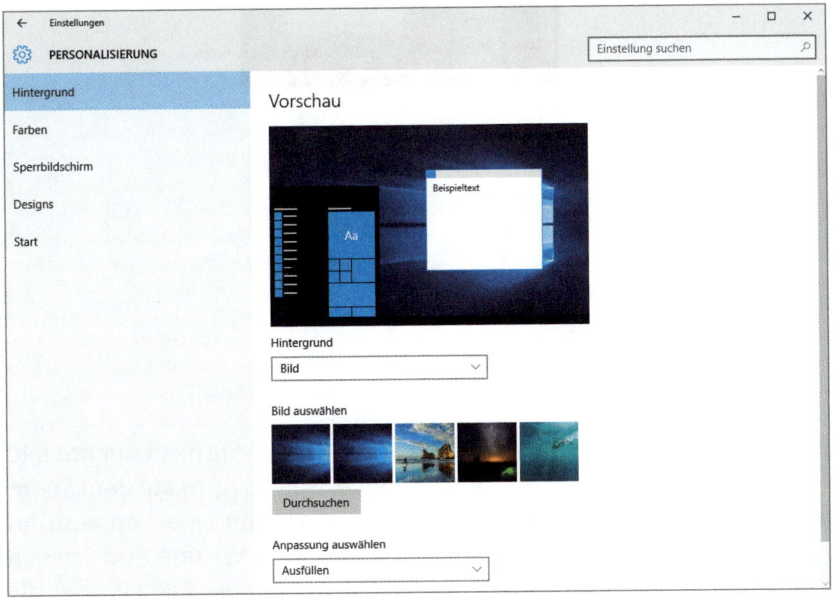

Hintergrundbild für den Desktop auswählen.

Farben

Windows 10 verwendet für Einstellungen, Startmenükacheln sowie auch einige Apps zusätzlich zu Schwarz und Weiß noch eine Akzentfarbe. Diese Farbe kann in den *Einstellungen* unter *Personalisierung/Farben* aus einer Palette ausgewählt oder automatisch aus dem Hintergrundbild ausgewählt werden. Auf der gleichen Seite lässt sich der Transparenzeffekt von Taskleiste, Startmenü und Info-Center ein- und ausschalten.

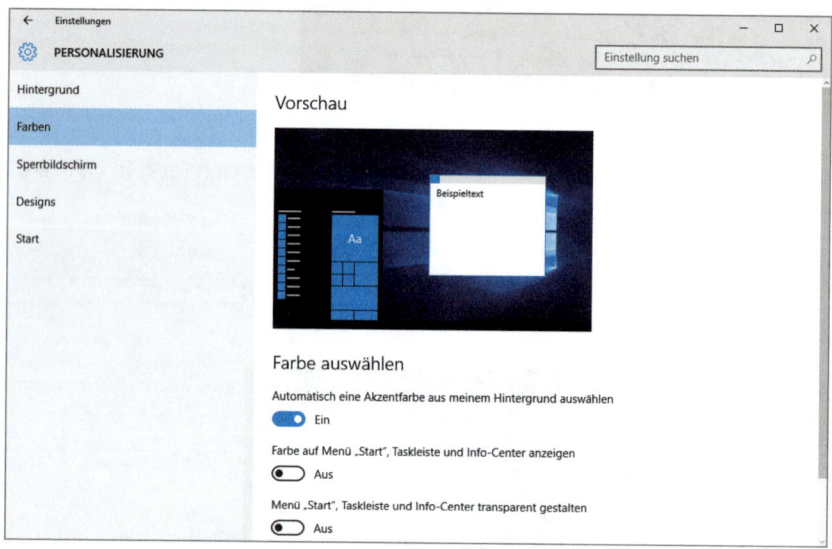

Akzentfarbe und Transparenz wählen.

Sperrbildschirm

In den Einstellungen für den Sperrbildschirm legen Sie nicht nur das Bild fest, das dort angezeigt wird, sondern auch, welche Apps auf dem Sperrbildschirm Statusinfos anzeigen dürfen. Dabei kann eine App ausführliche Statusinfos in Form einer Textzeile anzeigen. Weitere Apps zeigen nur Symbole und dazu zum Beispiel die Anzahl neuer E-Mails oder die Zeit des nächsten Weckers.

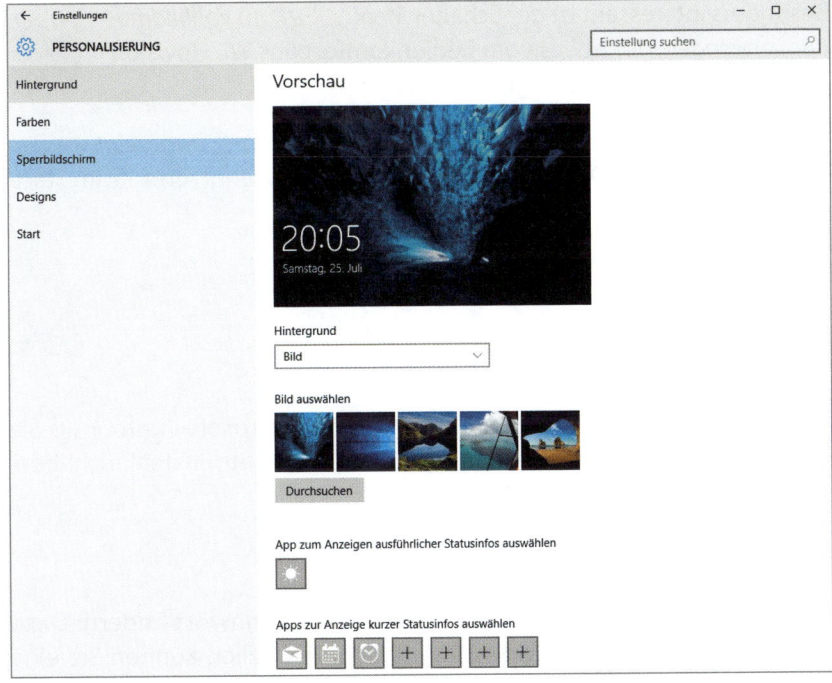

Die Einstellungen für den Sperrbildschirm.

Designs

Um ein komplettes Design auszuwählen oder zu verändern, muss man hier über einen Link in die klassische Systemsteuerung wechseln. Allerdings werden nur noch vorhandene persönliche Designs aus früheren Windows-Versionen unterstützt. Man kann sich keine Designs mehr selbst anlegen.

Start

Hier legen Sie fest, ob die am meisten verwendeten Apps, zuletzt hinzugefügte Apps und zuletzt geöffnete Elemente im Startmenü angezeigt werden sollen.

Besonders interessant ist der Schalter *Menü „Start" im Vollbildmodus verwenden*, der etwas vom Bedienkomfort aus Windows 8.1 in Windows 10 zurückbringt.

Über den Link *Ordner auswählen, die im Menü „Start" angezeigt werden* können Sie weitere Ordner aus dem persönlichen Benutzerprofil im Startmenü verankern.

Konten

Ihr Konto

Im Bereich *Konten/Ihr Konto* verwalten Sie Ihr Microsoft-Konto. Falls Sie Windows 10 noch mit einem lokalen Benutzerkonto installiert haben, können Sie hier auf ein Microsoft-Konto wechseln.

Anmeldeoptionen

In den *Anmeldeoptionen* können Sie Ihr Kontokennwort ändern. Dazu muss das aktuelle Kennwort bekannt sein. Zusätzlich können Sie eine vierstellige PIN zur schnelleren Anmeldung festlegen, die dann aber nur für dieses Gerät gilt. Ihr sicheres Passwort wird auf anderen Geräten und im Browser weiterhin benutzt.

> **Passworteingabe nach Bildschirmsperre abschalten**
>
> Wird der Computer eine Weile nicht benutzt, zeigt Windows 10 automatisch den Sperrbildschirm, der mit der ⏎-Taste oder auf Touchscreens mit einer Wischbewegung nach oben ausgeblendet wird. Allerdings fragt Windows 10 in der Grundeinstellung nach dem Benutzerpasswort, was sehr lästig sein kann. Schalten Sie in den *Einstellungen* unter *Konten/Anmeldeoptionen* auf *Nie*, um diese Passwortabfrage abzuschalten.

Anstatt über Kennwort oder PIN können Sie sich auch mit einem Bildcode anmelden, was besonders auf Geräten mit Touchscreen eine komfortable Methode darstellt. Dafür müssen Sie eine Kombination aus drei Touchgesten, Linien, anzutippenden Punkten oder Kreisen auf einem Bild festlegen.

Das Bild erscheint dann auf dem Anmeldebildschirm, auf dem Sie zur Anmeldung die gleichen Gesten auswendig nachfahren müssen.

Gesten für die Anmeldung per Bildcode einrichten.

Biometrische Anmeldung mit Windows Hello

Windows Hello stellt neue biometrische Anmeldeverfahren zur Verfügung. Dabei können Sie sich entweder für einen Fingerabdruckscanner oder eine Real-Lens-Kamera zur Gesichtserkennung entscheiden, die zu jedem Bildpunkt zusätzliche Tiefeninformationen speichert. Auf diese Weise lässt sich die Gesichtserkennung nicht durch ein vor die Kamera gehaltenes Foto täuschen.

Arbeitsplatzzugriff

Im Bereich *Konten/Arbeitsplatzzugriff* melden Sie sich mit diesem PC an einem Firmen- oder Schulnetzwerk an. Diese Anmeldung gilt nur für diesen einen PC und benötigt ein Benutzerkonto im jeweiligen Netzwerk. Die Anmeldedaten werden nicht über das Microsoft-Konto synchronisiert.

Familie und weitere Benutzer

Die klassische Benutzerverwaltung wurde in Windows 10 grundlegend überarbeitet. Da die meisten PCs von Familien genutzt werden, kann man jetzt Familienmitglieder als Benutzer anlegen. Diese können ihre eigenen Microsoft-Konten verwenden, um auf OneDrive, Skype, Xbox und andere Microsoft-Dienste zuzugreifen, und haben auch ihre eigenen persönlichen Desktops.

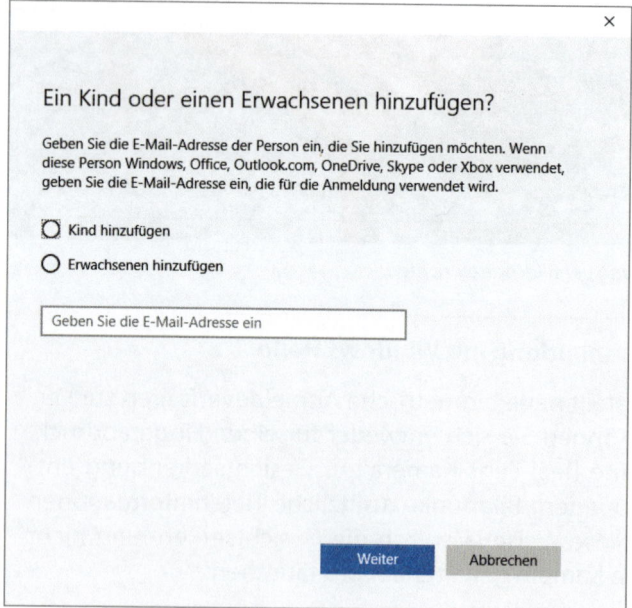

Familienmitglied hinzufügen.

Bei Familienmitgliedern wird zwischen Kindern und Erwachsenen unterschieden. Bei Kindern können Webseiten blockiert sowie Zeiten und Spiele gesperrt werden. Diese Einstellungen werden online im Microsoft-Konto des Hauptbenutzers gespeichert und wurden aus dem früheren Microsoft Family Safety Programm übernommen.

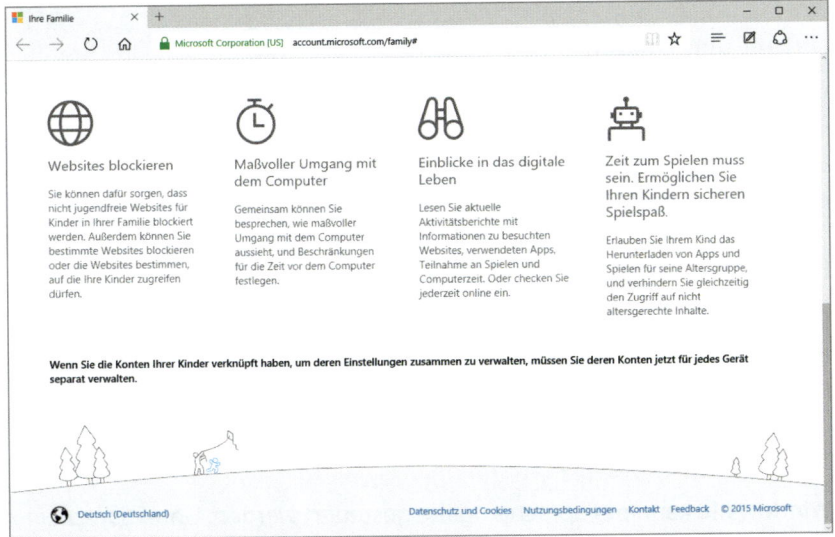

Jugendschutzeinstellungen für Kinder in der Familie.

Unter *Weitere Benutzer* richten Sie Benutzer ein, die nicht zur Familie gehören. Für öffentlich zugängliche Computer können Sie Benutzer anlegen, die nur eine einzige App nutzen können.

Einstellungen synchronisieren

Im Bereich *Einstellungen synchronisieren* legen Sie fest, welche Einstellungen des PCs mit anderen PCs über OneDrive synchronisiert werden sollen. Auf diese Weise brauchen Sie bei mehreren Geräten Ihre persönlichen Lieblingseinstellungen nicht überall manuell vorzunehmen.

Wenn Sie das Design synchronisieren, sehen alle Ihre PCs gleich aus. Jede Veränderung des Desktops wirkt sich auf alle PCs aus. Nur die Desktop-Symbole für Programme und Dateien werden nicht synchronisiert.

Zeit und Sprache

Datum und Uhrzeit

Windows 10 synchronisiert die Uhrzeit üblicherweise über einen Zeit-server, sodass Sie sich um eine genau laufende Uhr nicht zu kümmern brauchen. Wichtig ist nur, dass die richtige Zeitzone eingestellt ist, damit das Zeitsignal des Zeitservers passend umgesetzt werden kann.

Region und Sprache

Unter *Region und Sprache* können Sie bei Bedarf zusätzliche Sprachen hin-zufügen, um für fremdsprachige Texte die passenden Tastaturlayouts und Rechtschreibprüfungen nutzen zu können.

Sprachein-/-ausgabe

Windows 10 kann per Spracheingabe gesteuert werden. Unter *Sprachein-/-ausgabe* richten Sie die Spracheingabe ein. Dazu müssen vorgegebene Texte in das Mikrofon gesprochen werden.

Erleichterte Bedienung

Manchen Menschen ist das moderne Windows-Design mit seinen eleganten Farben zu kontrastschwach, und die Texte sowie Sym-bole sind in ihrer Originalgröße zu schwer erkennbar. Windows 10 bietet in den *Einstellungen* unter *Erleichterte Bedienung* diverse Optionen, die si-cher nur wenige Menschen nutzen, um den persönlichen Desktop und die Bedienung an die eigenen Bedürfnisse anzupassen. Dennoch sollten diese Einstellungen nicht vernachlässigt werden, da einigen Menschen erst dadurch der Zugang zum PC überhaupt möglich wird.

Datenschutz

Im Bereich *Datenschutz* der *Einstellungen* finden Sie diverse Einstellungen, die durch die Express-Einstellungen bei der Einrichtung des PCs standardmäßig vorgegeben sind. Hier können Sie zwischen persönlichem Datenschutzbedürfnis und Nutzerkomfort abwägen.

Viele Apps wie auch Webseiten nutzen persönliche Daten, wie zum Beispiel den eigenen Standort, allerdings weniger aus mutmaßlichen Spionagegründen, sondern eher zur Erhöhung des Komforts für den Anwender, um unter anderem lokal relevante Informationen anzubieten. Um den vollen Funktionsumfang aller Windows-Apps nutzen zu können, lassen Sie alle Schalter aktiviert. Lediglich die Verwendung der Werbungs-ID kann ohne Komfortverlust abgeschaltet werden.

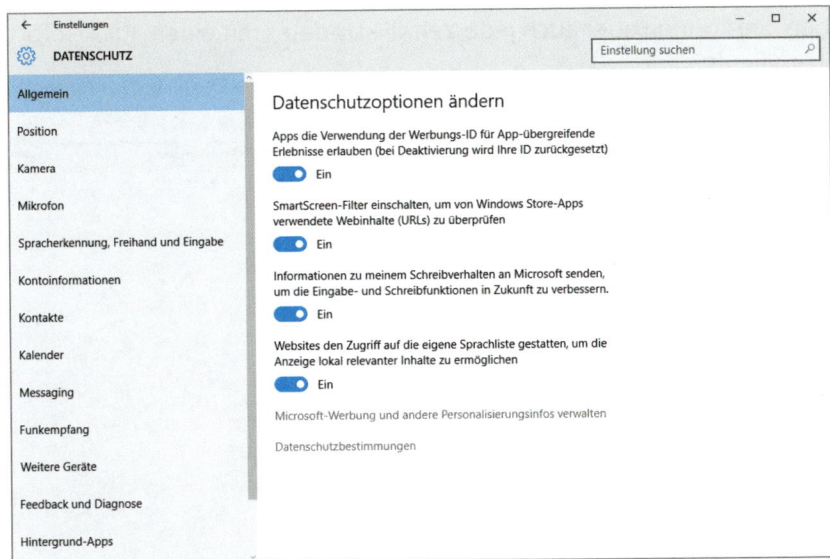

Datenschutz-Einstellungen in Windows 10.

Auf den Unterseiten können Sie einzelnen Apps den Zugriff auf bestimmte Hardware oder Systemkomponenten verwehren, was allerdings in den wenigsten Fällen sinnvoll ist, da die meisten Apps ohne Zugriff auf benötigte Komponenten nur noch eingeschränkt funktionieren oder gar ihren Sinn und Zweck ganz verlieren. Allerdings kann es durchaus interessant sein zu sehen, welche Apps auf welche Systemkomponenten zugreifen.

Update und Sicherheit

Windows Update

Windows 10 wird wie frühere Windows-Versionen über Updates automatisch aktualisiert. Neu ist, dass in der Windows-10-Home-Version die automatischen Updates nicht mehr abgeschaltet werden können. Updates werden automatisch installiert, wenn der PC nicht im Gebrauch ist, um durch die Update-Installation keine Leistungseinbußen zu haben. Sie können aber auch jederzeit die Updates mit einem Klick sofort installieren.

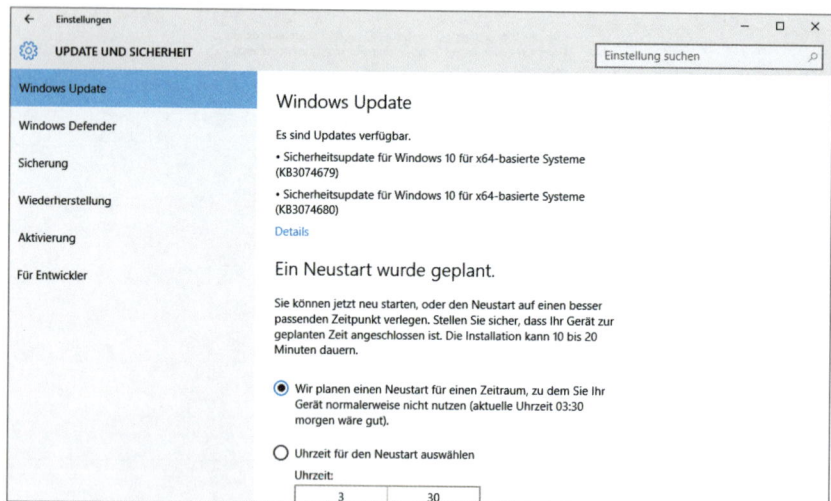

Verfügbare Updates werden in den Einstellungen angezeigt und installiert.

Ein Klick auf *Erweiterte Optionen* zeigt unter anderem die Verlaufsliste der Update-Installationen.

Windows Defender

Im Bereich *Update und Sicherheit/Windows Defender* können Sie den Echtzeitschutz des Windows Defender abschalten, sollte es mal zu Problemen kommen. Unter *Ausschlüsse* legen Sie einzelne Dateien, Ordner oder Dateitypen fest, die vom Windows Defender nicht untersucht werden sollen. Dies ist nützlich, wenn es bei bestimmten Dateien zu Fehlalarmen kommt.

Sicherung

Im Bereich *Update und Sicherheit/Sicherung* schalten Sie den Dateiversionsverlauf zur Datensicherung ein oder aus. Hier finden Sie auch eine Option, um Dateien aus alten Windows-7-Datensicherungen in Windows 10 wieder einzulesen.

Wiederherstellung

Im Bereich *Update und Sicherheit/Wiederherstellung* können Sie den PC zurücksetzen. Ähnlich wie bei Windows 8.1 gibt es auch hier die Möglichkeit, eigene Dateien zu behalten. Weiterhin haben Sie hier die Möglichkeit, einen erweiterten Start durchzuführen. Beim nächsten Neustart erscheint dann ein Menü mit Reparaturoptionen, um zum Beispiel Windows aus einem Wiederherstellungsimage neu zu installieren.

Aktivierung

Sollte Ihre Windows-Version nicht aktiviert sein, können Sie hier einen neuen Produktschlüssel eingeben, um Windows 10 zu aktivieren.

11. Tipps und Tricks

Dieses letzte Kapitel liefert noch einige nützliche Tipps zu Themen, die bisher nicht beschrieben wurden und die sich dem Benutzer auch nicht ganz von allein erschließen.

Der Windows Defender

Der aus Windows 8.1 bekannte Windows Defender läuft auch in Windows 10 automatisch im Hintergrund und schützt den PC vor Viren, Spyware und anderer Schadsoftware. Der Windows Defender ist für automatischen Hintergrundbetrieb konfiguriert und braucht kaum noch manuell gestartet zu werden. Um den Windows Defender manuell zu starten, finden Sie ihn im Startmenü unter *Windows System*.

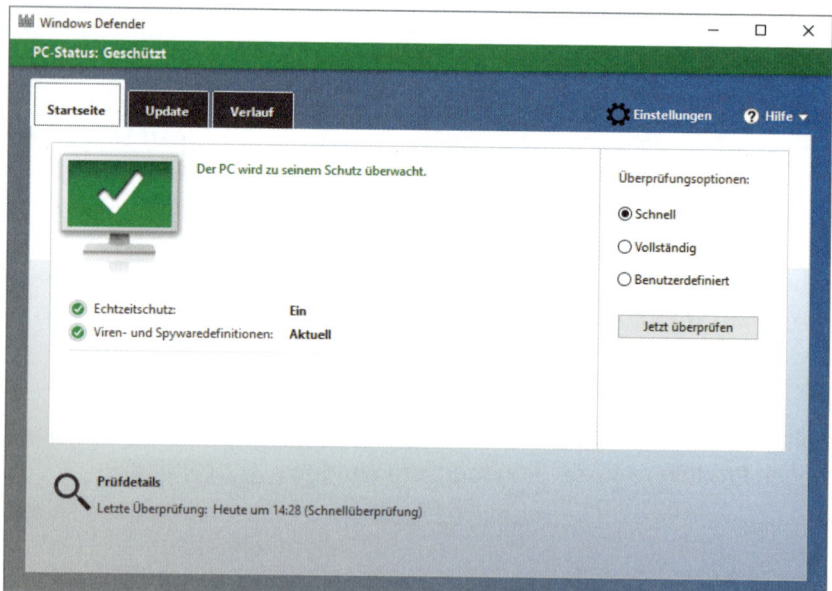

Solange die Grafiken im Windows Defender grün und nicht rot sind, besteht keine Gefahr.

Jede ausführbare Datei kann theoretisch Viren enthalten. Deshalb prüft der Windows Defender diese Dateien automatisch im Hintergrund, bevor sie ausgeführt werden.

Achten Sie darauf, dass der Echtzeitschutz aktiv ist. Sollte der Echtzeitschutz deaktiviert sein, erscheinen diverse Grafiken auf der Startseite in Rot. Hier finden Sie dann auch eine auffällige Schaltfläche, um den Echtzeitschutz des Windows Defender wieder zu aktivieren. Zusätzlich weist auch das Info-Center auf diese Gefahr hin.

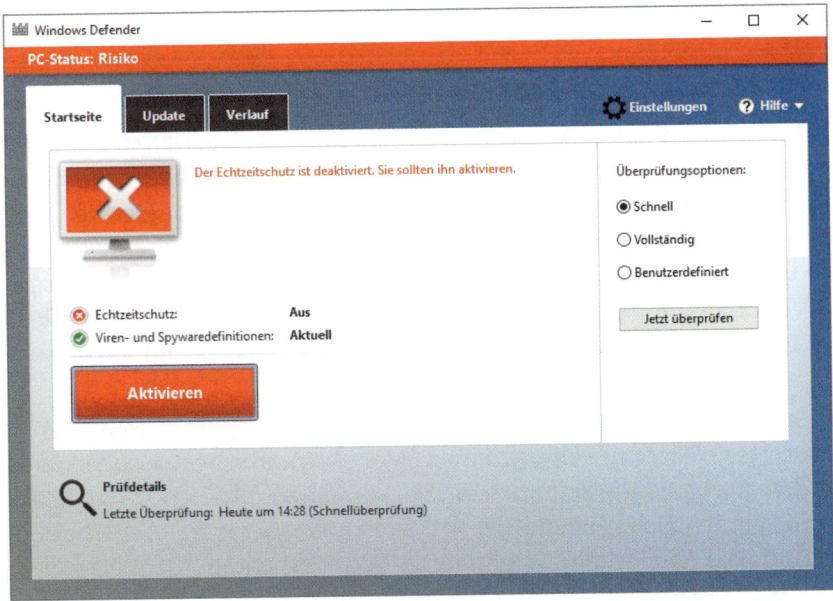

Der Windows Defender gibt auffällig zu erkennen, wenn der Echtzeitschutz deaktiviert ist.

Auf der Startseite können Sie auch jederzeit eine manuelle Überprüfung starten. Dabei bietet der Windows Defender die Wahl zwischen einer schnellen Überprüfung, die meist in wenigen Minuten erledigt ist, und einer vollständigen Überprüfung, die mehrere Stunden dauern kann.

- Bei der schnellen Überprüfung werden nur die Systembereiche geprüft, die mit hoher Wahrscheinlichkeit von Schadsoftware befallen werden, wie unter anderem die persönlichen Verzeichnisse und das Windows-Verzeichnis.

- Bei der vollständigen Überprüfung werden alle Dateien im lokalen Speicherbereich einer Überprüfung unterzogen.

Neben der schnellen und vollständigen Überprüfung können Sie mit der Einstellung *Benutzerdefiniert* auch beliebige Verzeichnisse auswählen, die überprüft werden sollen.

Virenscanner aktuell halten

Da ständig neue Schadsoftware auftaucht, ist es absolut notwendig, dass ein Virenscanner regelmäßig aktualisiert wird. Dabei sind nur selten Updates des Programms erforderlich. Microsoft liefert regelmäßig aktuelle Virendefinitionsdateien, die über das Windows Update im Hintergrund automatisch heruntergeladen werden. Diese Virendefinitionen enthalten die typischen Erkennungsmerkmale der neusten Schadsoftware, damit der Windows Defender diese auch finden kann.

So läuft ein ständiges Wettrennen zwischen Virenprogrammierern und Herstellern von Virenscannern. Manche Viren scheinen sogar nur den einzigen Sinn zu haben, dieses Rennen anzuheizen, da sie keinerlei schädliche Funktionen enthalten, sich aber möglichst schnell und über noch wenig ausgetretene Wege verbreiten.

Wenn Sie eine Datei, die Schadsoftware enthält, herunterladen, öffnen oder kopieren wollen, versucht der Windows Defender, dieses Problem selbstständig zu beheben. Sollte das nicht funktionieren, schlägt er sofort Alarm. In den meisten Fällen ist nur eine kurze Meldung zu sehen, und der Windows Defender verschiebt die gefährliche Datei in Quarantäne.

Der Versuch, die gefährliche Datei auf dem Tablet zu speichern, schlägt fehl, da der Windows Defender den Zugriff auf diese Datei verweigert.

Sehen Sie regelmäßig in das Protokoll des Windows Defender, um den Überblick darüber zu behalten, was auf Ihrem PC an gefährlichen Dateien gefunden wurde. Tippen Sie dazu im Windows Defender auf der Registerkarte *Verlauf* auf *Details einblenden*.

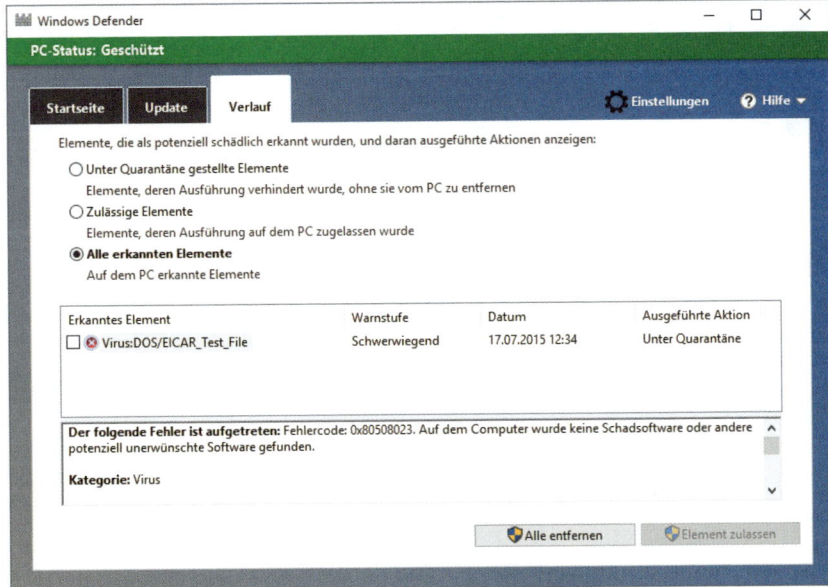

Die Verlaufsliste in der Detailansicht zeigt alle Aktionen des Windows Defender.

Alternative Sicherheitstools

Neben dem relativ einfachen, aber vorinstallierten Windows Defender liefern verschiedene Softwarehersteller noch umfangreichere Sicherheitstools mit Virenscanner, Firewall und teilweise auch Diebstahlschutzfunktionen, die aus der Ferne Screenshots eines gestohlenen PCs aufzeichnen oder den Dieb mit der Webcam beobachten.

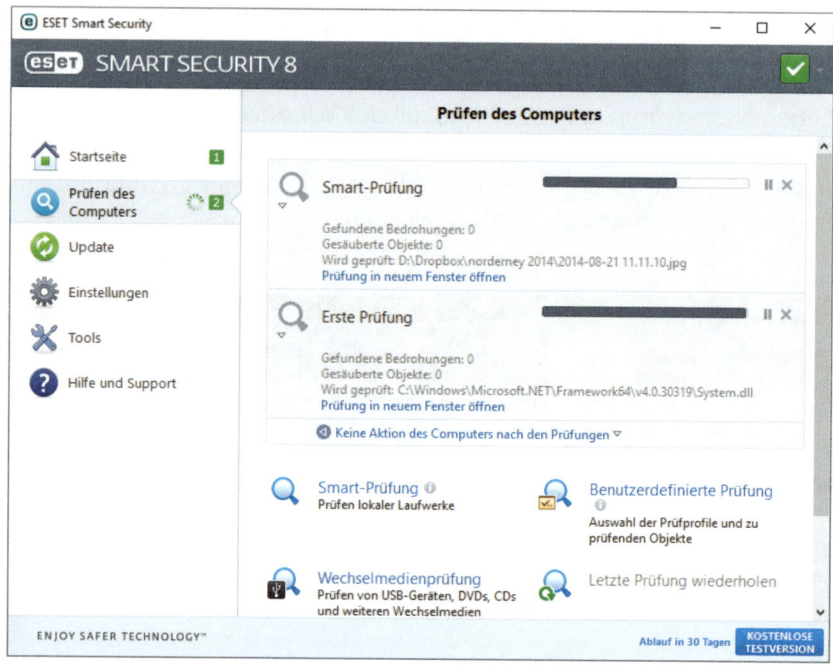

Die Sicherheitssoftware ESET Smart Security.

Leser dieses Buches finden auf der letzten Seite einen Code zur Freischaltung einer 90-Tage-Vollversion der abgebildeten ESET Smart Security von www.eset.de.

Die neue Eingabeaufforderung

Die Eingabeaufforderung, die seit Windows NT in jeder Windows-Version dabei ist, hat in Windows 10 ein paar lange erwartete neue Funktionen bekommen.

```
Eingabeaufforderung                                    —    □    ×

Windows-IP-Konfiguration

Ethernet-Adapter Ethernet:

   Verbindungsspezifisches DNS-Suffix:
   Verbindungslokale IPv6-Adresse  . : fe80::4413:38b2:1d79:ed69%8
   IPv4-Adresse . . . . . . . . . . : 192.168.2.95
   Subnetzmaske . . . . . . . . . . : 255.255.255.0
   Standardgateway . . . . . . . . : 192.168.2.1

Tunneladapter Teredo Tunneling Pseudo-Interface:

   Verbindungsspezifisches DNS-Suffix:
   IPv6-Adresse. . . . . . . . . . : 2001:0:9d38:6ab8:285e:3607:a32d:b438
   Verbindungslokale IPv6-Adresse  . : fe80::285e:3607:a32d:b438%2
   Standardgateway . . . . . . . . : ::

Tunneladapter isatap.{658E240B-85BE-44EC-97A0-B292072E965C}:

   Medienstatus. . . . . . . . . . : Medium getrennt
   Verbindungsspezifisches DNS-Suffix:

C:\Users\Christian>
```

Die transparente Eingabeaufforderung in Windows 10.

Um die neuen Funktionen zu nutzen, muss in den Eigenschaften der Eingabeaufforderung auf der Registerkarte *Optionen* der Schalter *Legacykonsole verwenden* deaktiviert sein.

- Das Eingabeaufforderungsfenster kann, wie unter Linux schon lange beliebt, transparent gemacht werden. Dazu gibt es einen neuen Schieberegler auf der Registerkarte *Farben* der Eigenschaften oder man verwendet die Tastenkombinationen Strg+⇧+⊞ sowie Strg+⇧+⊟.

- Das Eingabeaufforderungsfenster ist in der Größe frei veränderbar. Dabei kann ein Zeilenumbruch für die Textausgabe eingeschaltet werden.

- Die Tastenkombinationen Strg+C sowie Strg+V können jetzt auch im Eingabeaufforderungsfenster zum Kopieren von Texten verwendet werden. Dabei lässt sich auf der Registerkarte *Optionen* der Eigenschaften festlegen, dass Tabulatoren und andere Zeichen, die die Eingabeaufforderung nicht verwendet, beim Einfügen aus der Zwischenablage herausgefiltert werden.

Der Task-Manager

Der Task-Manager stellt seit vielen Windows-Versionen Informationen zur Computerleistung bereit und zeigt Einzelheiten zu den ausgeführten Programmen und Prozessen an. Das Tool war bisher wenig übersichtlich und wurde von den meisten Anwendern nur dazu genutzt, nicht mehr funktionierende Programme mehr oder weniger gewaltsam zu beenden.

Klicken Sie mit der rechten Maustaste auf eine leere Stelle der Taskleiste und wählen Sie *Task-Manager*, um den Task-Manager zu starten.

Im einfachen Modus zeigt der Task-Manager nur eine Liste laufender Apps. Per Doppelklick wechseln Sie schnell zur jeweiligen App, die Schaltfläche *Task beenden* beendet ein nicht mehr funktionierendes Programm – wie schon in früheren Windows-Versionen. Die wirklich interessanten Informationen zeigt der Task-Manager erst mit einem Klick auf *Mehr Details*.

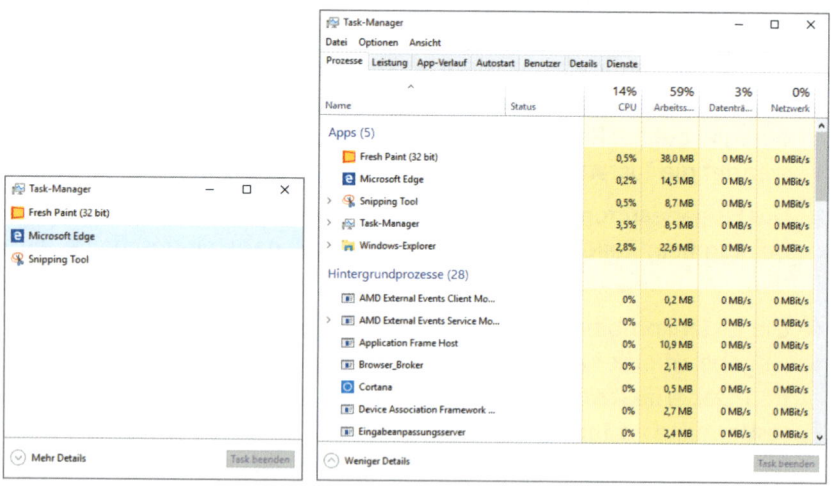

Einfacher Modus und Detailansicht im Task-Manager.

Auf der Registerkarte *Leistung* werden neben statistischen Werten zur Prozess- und Speicherverwaltung vier wichtige Diagramme angezeigt: die aktuelle CPU-Auslastung, der belegte Arbeitsspeicher, Datenträgerzugriffe und Netzwerkübertragungsleistung. Links sehen Sie kleine Übersichtsbilder, beim Klick auf eines davon erscheint rechts der detaillierte Verlauf über die Zeit.

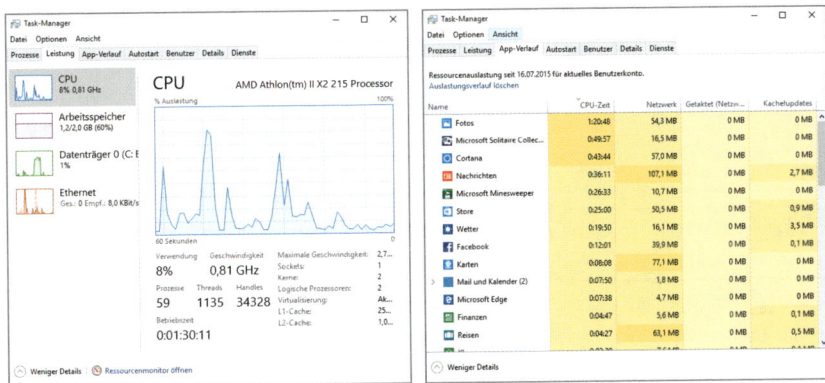

Leistungsanzeige und App-Verlauf im Task-Manager.

Die Registerkarte *App-Verlauf* zeigt die gesamte Auslastung des Systems durch verschiedene Apps in der letzten Zeit. Hier finden Sie schnell heraus, welche Apps wirklich genutzt werden und wie viel CPU-Zeit und auch Netzwerkdatenvolumen diese verbrauchen. Zur besseren Übersicht können Sie die Anzeige durch Klicken auf die Spaltentitel nach verschiedenen Kriterien sortieren.

Wichtige Tastenkombinationen mit der Windows-Taste

Wer seinen PC mit Tastatur und Maus bedient – und das sind immer noch sehr viele Anwender – kommt mit einfachen Tastenkombinationen oft schneller zum Ziel als mit der Maus.

Tastenkombination	Funktion
[Alt]+[⇆]	Schaltet zwischen Apps um.
[⊞]	Blendet das Startmenü ein oder aus.
[⊞]+[,]	Blendet die Fenster kurz aus.
[⊞]+[−]	Schaltet auf Normalgröße zurück. Die Bildschirmlupe bleibt aktiv.
[⊞]+[+]	Aktiviert die Bildschirmlupe und vergrößert die Ansicht.
[⊞]+[↑]	Maximiert das aktuelle Fenster auf Bildschirmgröße oder bringt ein auf die Taskleiste minimiertes Fenster auf seine ursprüngliche Größe zurück.
[⊞]+[→]	Dockt das aktuelle Fenster an den rechten Bildschirm-rand an.
[⊞]+[↓]	Minimiert das aktuelle Fenster in die Taskleiste oder bringt ein auf Bildschirmgröße maximiertes Fenster auf seine ursprüngliche Größe zurück.
[⊞]+[←]	Dockt das aktuelle Fenster an den linken Bildschirmrand an.
[⊞]+[1]	Startet die erste Anwendung (von links) in der Taskleiste, üblicherweise den Browser Microsoft Edge. [⊞]+[2] und folgende Zahlen starten weitere Anwendungen.
[⊞]+[A]	Blendet die Benachrichtigungen ein.
[⊞]+[D]	Blendet alle Fenster ein und aus.
[⊞]+[E]	Öffnet ein Explorer-Fenster.
[⊞]+[↵]	Schaltet die Sprachausgabe ein.
[⊞]+[H]	Blendet die Seitenleiste *Teilen* ein.
[⊞]+[I]	Öffnet die Einstellungen.
[⊞]+[K]	Zeigt die Seitenleiste für Anzeige und Audiogeräte an.

Tastenkombination	Funktion
⊞+L	Sperrt den Computer mit dem Sperrbildschirm.
⊞+Leer	Schaltet Eingabesprache und Tastaturlayout um.
⊞+O	Schaltet den Orientierungssensor zur Bildschirmdrehung (wenn vorhanden) ein und aus.
⊞+P	Startet den Präsentationsmodus.
⊞+Pause	Öffnet die Systemsteuerung und zeigt die Basisinformationen über den Computer an.
⊞+Pos 1	Minimiert alle Fenster mit Ausnahme des aktuellen in die Taskleiste und macht beim nächsten Mal diese Aktion wieder rückgängig.
⊞+R	Öffnet das Dialogfeld *Ausführen*.
⊞+S	Startet die Suchfunktion nach Dateien, Fotos, E-Mails etc.
⊞+Strg+→	Wechselt zwischen virtuellen Desktops.
⊞+Strg+←	Wechselt zwischen virtuellen Desktops.
⊞+Strg+D	Legt einen neuen virtuellen Desktop an.
⊞+Strg+F4	Schließt den aktuellen virtuellen Desktop.
⊞+T	Schaltet zwischen den Fenstern um.
⊞+⇆	Zeigt alle offenen Fenster auf einmal, um eines davon auszuwählen.
⊞+U	Schaltet die erleichterte Bedienung ein.
⊞+⇧+↑	Vergrößert das aktuelle Fenster auf Bildschirmhöhe, die Fensterbreite bleibt bestehen.
⊞+⇧+→	Verschiebt ein Fenster vom linken auf den rechten Monitor, ohne Position und Größe zu verändern.
⊞+⇧+←	Verschiebt ein Fenster vom rechten auf den linken Monitor, ohne Position und Größe zu verändern.
⊞+X	Öffnet das Systemmenü links unten.

Was geht bei der Windows-10-Upgrade-Installation verloren?

Windows 10 bietet nicht nur viel Neues – wie bei jedem großen Versionssprung wurden auch wieder einige Komponenten gestrichen. Hier die wichtigsten Windows-Funktionen, die nach dem Upgrade von Windows 8.1 oder Windows 7 auf Windows 10 nicht mehr vorhanden sind:

- Das Windows Media Center kann nicht mehr verwendet und auch nicht nachinstalliert werden. Windows 10 liefert aber entgegen erster Ankündigungen eine App zur DVD-Wiedergabe mit.

- Der Windows DVD Maker aus Windows 7 fehlt.

- Windows EasyTransfer fehlt.

- Die Charms-Leiste sowie die aktiven Bildschirmecken aus Windows 8.1 fehlen.

- Die systemweite *Teilen*-Funktion fehlt.

- Das neue Startmenü kann nicht mehr per Drag-and-drop erweitert werden.

- Im Startmenü können nicht mehr mehrere Kacheln gleichzeitig markiert und bearbeitet werden.

- Die Spiele aus Windows 7 fehlen und werden durch moderne Apps ersetzt, die kostenlos aus dem Windows Store heruntergeladen werden müssen. Die besonderen Optionen des Spiele-Ordners sowie die Jugendschutzeinstellungen entfallen.

- Die Bibliotheken werden im Explorer nicht mehr angezeigt, dafür persönliche Standardverzeichnisse. Die Bibliotheken können aber trotzdem weiter verwendet werden.

- Die Minianwendungen auf dem Desktop fehlen. Sie werden durch Live-Kacheln im Startmenü ersetzt.

- Der 3D-Effekt beim Blättern zwischen Apps, *Flip3D*, fehlt.

- Fast alle Glanz- und Transparenzeffekte des Aero-Designs aus Windows 7 sind verschwunden. Es gibt keine Unterscheidung mehr zwischen Aero-Design und Basis-Design.

- Die Farbeinstellungen der Fenstertitelleisten wurden stark eingeschränkt.

- Die Zeiteinstellungen für den automatischen Wechsel des Hintergrundbildes wurden stark eingeschränkt. Hintergrundbilder können auch nicht mehr zufällig gewechselt werden.

- Die bunten Hintergründe für den Startbildschirm aus Windows 8.1 wurden nicht für das neue Startmenü übernommen.

- Die automatischen Windows Updates können in der Home-Version nicht mehr deaktiviert werden.

- Der OneDrive-Ordner kann nicht mehr auf ein anderes Laufwerk verschoben werden.

- Der Windows-Leistungsindex in der Systemsteuerung unter *System und Sicherheit/System* fehlt.

- Die Möglichkeit zum Drucken detaillierter Leistungs- und Systeminformationen aus der Systemsteuerung fehlt.

- Der Systemintegritätsbericht in der Ressourcen- und Leistungsüberwachung fehlt.

- Das Wartungscenter ist nicht mehr über ein Symbol im Infobereich der Taskleiste aufrufbar, sondern nur noch über die Systemsteuerung unter *System und Sicherheit/Sicherheit und Wartung*.

- Die Analoguhr beim Klick auf die Uhr in der Taskleiste wurde durch eine Digitaluhr ersetzt. Die Desktop-Minianwendung *Uhr* fehlt ebenfalls. Windows 10 hat standardmäßig keine Analoguhr mehr.

- Diskettenlaufwerke, auch externe, werden nicht mehr unterstützt.